陕西省 2018—2022 年度
职业教育质量报告

高职篇

陕西省教育厅　编著

北京理工大学出版社

BEIJING INSTITUTE OF TECHNOLOGY PRESS

图书在版编目（ＣＩＰ）数据

陕西省 2018－2022 年度职业教育质量报告. 高职篇、中职篇／陕西省教育厅编著. －－ 北京：北京理工大学出版社，2024.5

ISBN 978－7－5763－4016－7

Ⅰ. ①陕… Ⅱ. ①陕… Ⅲ. ①高等职业教育－教育质量－研究报告－陕西－2018－2022②中等专业学校－教育质量－研究报告－陕西－2018－2022 Ⅳ. ①G719.2

中国国家版本馆 CIP 数据核字（2024）第 100355 号

责任编辑：多海鹏　　　文案编辑：多海鹏
责任校对：周瑞红　　　责任印制：李志强

出版发行／北京理工大学出版社有限责任公司
社　　址／北京市丰台区四合庄路 6 号
邮　　编／100070
电　　话／(010) 68914026（教材售后服务热线）
　　　　　　(010) 63726648（课件资源服务热线）
网　　址／http://www.bitpress.com.cn

版印次／2024 年 5 月第 1 版第 1 次印刷
印　　刷／涿州市新华印刷有限公司
开　　本／787 mm×1092 mm　1/16
印　　张／37.25
字　　数／669 千字
总定价／92.00 元

前　言

　　职业教育是与经济社会发展联系最为紧密的教育类型，肩负着为全面建设社会主义现代化国家、实现中华民族伟大复兴的中国梦提供有力人才和技能支撑的重要使命。党的十八大以来，习近平总书记高度重视职业教育，多次对职业教育改革发展作出重要指示批示，职业教育迎来前所未有的发展机遇。

　　2018—2022 年，陕西高等职业教育战线以习近平新时代中国特色社会主义思想和习近平总书记来陕视察重要讲话精神为统领，深入贯彻落实党和国家对职业教育的规划部署，在陕西省委、省政府的坚强领导下，坚持以立德树人为根本任务，以培养德、智、体、美、劳全面发展，适应社会需求、产业需求的高素质技术技能型人才为主线，大力推进产教融合、校企合作，全省高职院校人才培养质量和服务区域经济社会发展的能力得到显著提升。

一、总体规模稳中有升

　　近年来，陕西省高等职业院校数量（含本科层次职业教育试点学校）稳步增长，由 2018 年的 38 所增加至 2022 年的 42 所，在全国排名第 19 位，其中高职专科学校 40 所，职业本科学校 2 所；招生人数从 2018 年的 125 822 人增加至 2022 年的 167 108 人（含职业本科招生 4 325 人，五年制高职转入专科招生 16 565 人），增长 32.81%；校均人数持续增长，由 8 200 人增加至 10 561 人，增长 28.79%。

二、专业产业布局匹配

　　近年来，陕西省紧密对接区域产业发展，优化专业布局。高职院校涉及 19 个专业大类，82 个专业类，设置 1 657 个专业点，实现教育部专业大类全覆盖。开设专业面向装备制造、交通运输业 354 个，占 26.24%；面向现代服务业 385 个，占 28.54%；面向传统产业 262 个，占 19.42%；面向新兴产业 204 个，占 15.12%；面向能源化工产业 101 个，占 7.49%；面向现代农业 43 个，占 3.19%。形成了陕北对接能源化工，陕南对接生态康养，关中对接高端装备制造、现代农业和现代服务业等产业的布局，与陕西省产业发展规划布局基本相符。

三、教学质量不断攀升

近年来，陕西高职院校积极深化改革，加快追赶超越，在党建思政、教育教学、双师培养、信息化建设等多个领域的国家级标志性成果上实现了全国前列、西部引领。例如全国"双高计划"立项建设高水平学校56所，陕西入选4所，位居西部地区第1，与山东并列全国第4；立项建设高水平专业群253个，陕西省入选12个，与重庆并列全国第6；全国党建工作示范高校、标杆院系、样板支部创建单位数量位居全国第6，西部地区第1；国家级课程思政教学研究示范中心、课程思政示范课程、教学名师和团队获奖数量位居全国第8，西部地区第1；国家级职业教育专业教学资源库数量位居全国第9，西部地区第1；国家级职业教育"双师型"教师培训基地数量位居全国第9，西部地区第1。在2022年国家级教学成果奖评选中，陕西省高职院校获得一等奖3项、二等奖20项，相较于2018年分别增加1项、7项。

四、师资水平有效攀升

近年来，陕西高职院校不断提高教师专业能力，强化教师职业技能培养，师资水平得到有效改善。在专任教师中，研究生学历比例由46%增长至52%；高级职称比例由29%增长至31%；双师素质专任教师比例由47.38%增长至49.48%。2人入选国家"万人计划"教学名师；获批全国高校黄大年式教师团队4个，位居全国第6，西部地区第1；获批国家级职业教育教师教学创新团队立项建设单位10个、国家级职业教育"双师型"教师培训基地4个、全国职业院校校长培育基地1个；国家职业教育教师教学创新团队课题研究项目数量位居全国第2，西部地区第1。

五、就业质量持续提升

近年来，陕西高职院校毕业生就业率稳中有升，就业质量不断提升。就业率从89.11%提升至91.19%，增长2.08%；雇主满意度连年上升，由93.56%提升至95.48%，增长1.92%；月收入持续增长，由2 863元增长至4 059.22元，增长达41.78%；毕业生三年晋升比例从38.96%提升至43.70%，增长4.74%。

六、国际影响不断增强

近年来，陕西省积极响应国家"一带一路"倡议，服务国际产能合作，健全职业教育国际合作机制，使我省职业教育国际化合作从"单项引进借鉴"走向"双向共建共享"。2022年陕西省接受（国）境外留学生数306人，在全国排名第12，西部地区排名第4；在国（境）外办学在校生数1 240人，在全国排名第8，西部排名第1；中国教育国际交流协会公布的首批鲁班工坊运营项目，陕西与天津、浙江、四川 4 个省市的 19 所高职院校首批入选。

　　与此同时，陕西高等职业教育也存在区域发展不平衡、职业本科发展滞后、办学条件压力较大、科研与技术服务贡献偏弱等问题。为进一步落实中共中央办公厅 国务院办公厅《关于深化现代职业教育体系建设改革的意见》要求，持续深化陕西现代职业教育建设改革，不断提升职业教育对中国式现代化的服务能力，我们对 2018—2022 年陕西高等职业教育质量年报进行了汇编，为高等职业教育战线提供参考借鉴，向社会展示陕西高等职业教育发展面貌。

编著者

2018—2022 年陕西高等职业教育发展对比

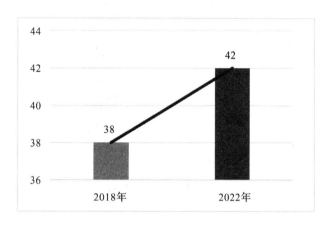

图 1   高职院校数量（所）

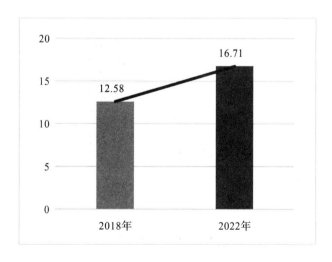

图 2   招生人数（万人）

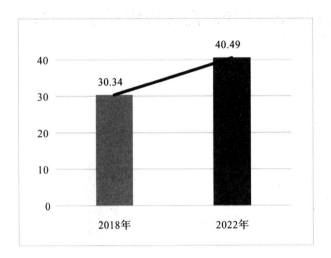

图3 在校生人数（万人）

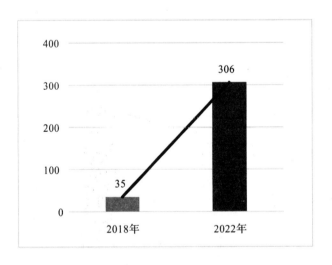

图4 留学生人数（人）

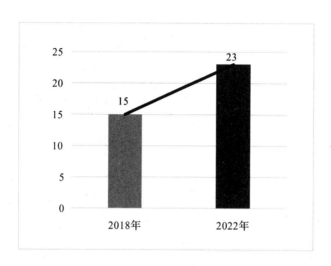

图 5 国家级教学成果奖数量（项）

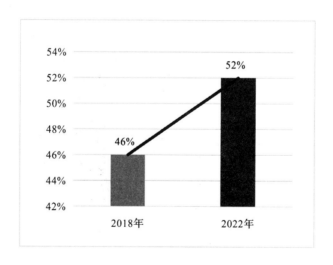

图 6 研究生学历教师比例

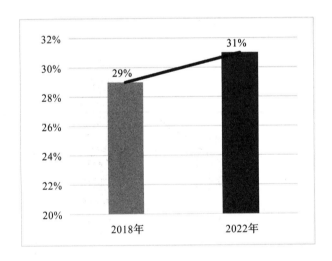

图 7　双师素质教师比例

图 8　高级职称教师比例

2018—2022 年陕西高等职业院校毕业生就业指标对比

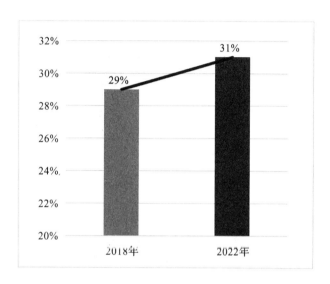

图 9 毕业生就业率

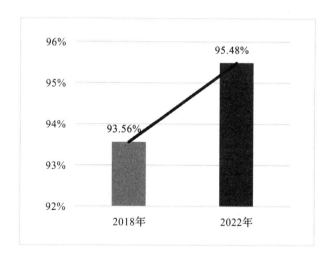

图 10 雇主满意度

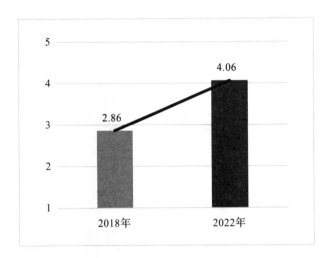

图11 毕业生月收入（千元）

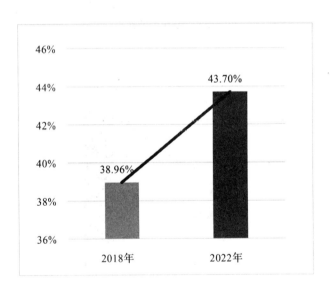

图12 毕业生三年晋升比率

2022 年陕西高职院校主要办学指标全国所处位置

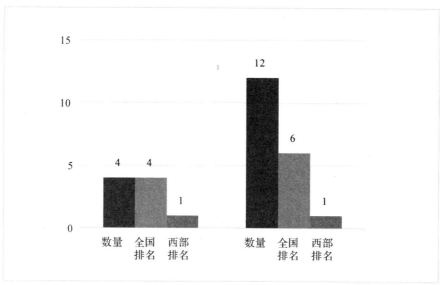

图 13 国家高水平学校和专业群建设情况

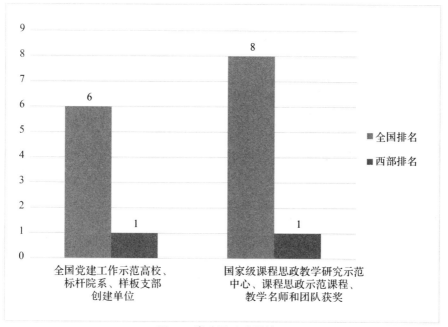

图 14 党建思政建设情况

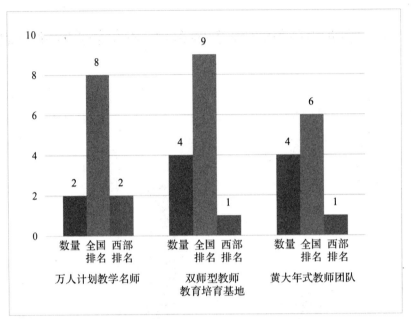

图 15　名师队伍建设情况

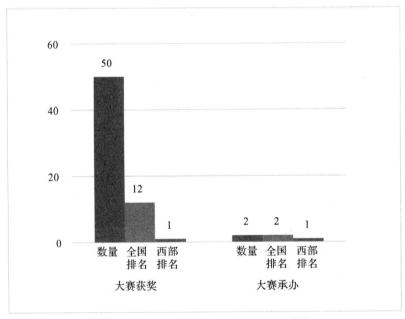

图 16　全国职业院校技能大赛获奖与承办情况

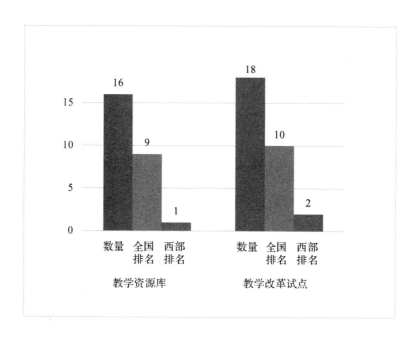

图 17   国家教学资源库和教学改革试点情况

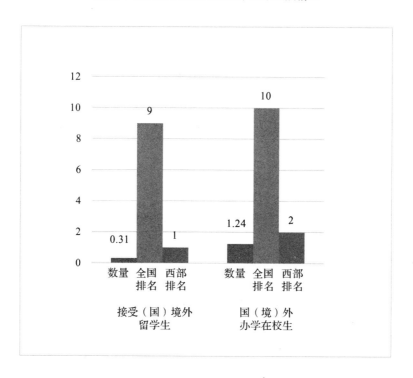

图 18   国际化办学情况

目 录

2018—2022年陕西高等职业教育发展分析报告

为深入贯彻党的二十大精神，落实《国家职业教育改革实施方案》《关于推动现代职业教育高质量发展的意见》《关于深化现代职业教育体系建设改革的意见》，加快推进我省现代职业教育体系建设，依据 2018—2022 年《陕西高等职业教育质量年度报告》和官方网站信息（包括政府网站、中国高职高专教育网等），对 5 年来陕西省高等职业教育发展情况进行分析比对。总体来看，陕西高等职业教育呈现出关中强南北弱、公办强民办弱、双高强普通弱、教学强服务弱、产出强投入弱等特点。与其他省市相比，我省高等职业教育在质量上的排名明显高于规模排名，核心竞争力位居全国 10 名左右，处于第二集团前列，前五名分别是浙江、山东、江苏、广东、湖南。具体情况如下。

一、陕西高等职业教育发展概况

（一）学校规模基本稳定

2018—2022 年，陕西高等职业院校数量（含本科层次职业教育试点学校）稳步增长，由 2018 年的 38 所增加至 2022 年的 42 所，在全国排名第 19 位，其中高职专科学校 40 所，职业本科学校 2 所。

（二）招生规模持续上升

2018—2022 年，陕西高职院校招生人数从 2018 年的 125 822 人增加全 2022 年的 167 108 人（含职业本科招生 4 325 人，五年制高职转入专科招生 16 565 人），增长 32.81%；在校生人数由 30.34 万人增加至 40.49 万人，增长 33.45%，在全国排名第 17 位；校均人数持续增长，由 8 200 人增加至 10 561 人，增长 28.79%。

（三）办学条件存在压力

2018—2022 年，陕西高职院校的生均占地面积、生均教学行政用房面积和生均宿舍面积、生均图书、百名学生配教学计算机数等基本办学指标总体稳中有升。但由于校均人数的持续增加，生师比、生均科研设备值等部分办学指标明显降低。生师比由 16∶1 降低至 21∶1，降低 31.25%，在全国排名第 26 位；生均教学科研仪器设备值从 2018 年的 12 912.84 元/生下降至 2022 年的 10 694.82 元/生，下降 17.18%，在全国排名第 16 位。

（四）师资结构有效改善

2018—2022 年，陕西高职院校不断提高教师专业能力，强化教师职业技能培养，师资水平有效改善。专任教师中，研究生学历专任教师比例由 46% 增长至 52%，高级职称专任教师比例由 29% 增长至 31%，双师素质专任教师比例由 47.38% 增长至 49.48%。

二、陕西高等职业教育优势分析

（一）国家"双高计划"建设成效显著

全国"双高计划"立项建设高水平学校 56 所，陕西入选 4 所，与山东并列全国第 4，西部地区第 1；立项建设高水平专业群 253 个，陕西省入选 12 个，与重庆并列全国第 6。从各省分布来看，"双高计划"建设单位数量的整体趋势是从经济发达地区向欠发达地区逐渐减少，但陕西"双高计划"建设单位数量位次明显高于 GDP 位次。2023 年 1 月，教育部、财政部组织"双高计划"中期绩效评价，陕西 8 所国家"双高计划"建设单位全部获得"优秀"等次。

（二）专业布局与产业发展基本匹配

陕西职业本科院校涉及 5 个专业大类，12 个专业类，设置 26 个专业点；高职院校涉及 19 个专业大类，82 个专业类，设置 1 657 个专业点，校均 40.17 个，实现教育部专业大类全覆盖。开设专业面向装备制造、交通运输业 354 个，占 26.24%；面向服务业 385 个，占 28.54%；面向传统产业 262 个，占 19.42%；面向新兴产业 204 个，占 15.12%；面向能源化工产业 101 个，占 7.49%；面向现代农业 43 个，占 3.19%。形成了陕北对接能源化工，陕南对接生态康养，关中对接高端装备制造、现代农业和现代服务业等产业的布局，与陕西省产业发展规划布局基本相符。

（三）部分标志性成果西部引领

陕西高职教育在党建思政、人才培养、教学成果奖、师资队伍、信息化建设、国际交流等多个领域的国家级标志性成果上实现了全国前列、西部引领。例如全国党建工作示范高校、标杆院系、样板支部创建单位数量位居全国第 6，西部地区第 1；国家级课程思政教学研究示范中心、课程思政示范课程、教学名师和团队获奖数量位居全国第 8，西部地区第 1；全国职业院校技能大赛、全国职业技能大赛、世界职业院校技能大赛获奖数量位居全国第 12，西部地区第 1；全国职业院校技能大赛承办校数量位居全国第 2，西部地区第 1；教学工作诊断与改进试点、现代学徒制试点数量位居全国第 10，西部地区第 2；国家级职业教育专业教学资源库数量位居全国第 9，西部地区第 1；国家级职业教育"双师型"教师培训基地数量位居全国第 9，西部地区第 1。

（四）名师队伍建设成效初显

截至目前，陕西省共有 2 人入选国家"万人计划"教学名师；获批全国高校黄大年式教师团队 4 个，位居全国第 6，西部地区第 1；获批国家级职业教育教师教学创新团队立项建设单位 10 个、国家级职业教育"双师型"教师培训基地 4 个、全国职业院校校长培育基地 1 个；国家职业教育教师教学创新团队课题研究项目数量位居全国第 2，西部地区第 1。

（五）学生就业质量持续提升

2018—2022 年，陕西高职院校毕业生就业率稳中有升，从 89.11% 提升至 91.19%，增长2.08%；雇主满意度连年上升，由93.56%提升至95.48%，增长1.92%；月收入持续增长，由2 863元增长至4 059.22元，增长达41.78%；毕业生三年晋升比例从38.96%提升至43.70%，增长4.74%。

（六）国际影响力不断增强

陕西省积极响应国家"一带一路"倡议，服务国际产能合作，建立健全职业教育国际合作机制，使我省职业教育国际化合作从"单项引进借鉴"走向"双向共建共享"。2022年陕西省接受（国）境外留学生数306人，在全国排名第12，西部地区排名第4，在国（境）外办学在校生数1 240人，在全国排名第8，西部排名第1；中国教育国际交流协会公布的首批鲁班工坊运营项目，陕西与天津、浙江、四川等4个省份的19所高职院校首批入选。

三、陕西高等职业教育面临的挑战

（一）高等职业教育区域发展不平衡

从院校分布来看，陕西省绝大部分高职院校集中在关中地区，无论是办学规模还是质量都呈现出关中地区强、陕南陕北弱的现象。其中关中地区34所，占81%；陕南、陕北地区各4所，均占9.5%。关中地区的职教资源主要也集中在西安、咸阳两地，宝鸡、渭南两个人口和经济大市的高职发展仍然存在一定不足。

（二）高等职业教育结构有待改善

从学校类型来看，陕西高职教育以教育部门主管的公办学校为主，民办和行业部门主办为辅，办学规模总体与陕西省人口和经济规模相适应，对省内产业发展起到了较好的支撑作用。但从高职教育结构来看，专科层次的高职学校发展速度较快，实力较为雄厚。但本科层次职业学校数量偏少，且我省两所职业本科由民办院校升格而来，办学质量与高水平职业本科要求有较大差距，难以起到引领和标杆作用。

（三）部分院校办学条件堪忧

从办学条件达标情况来看，部分学校的办学指标尚未达标，甚至个别院校距离标准差距很大。在生师比不合格学校中，公办院校的数量远大于民办院校，17所生师比不合格的学校中有14所是公办院校，其中还有1所是全国"双高院校"。其中可能存在数据填报不准确因素，但考虑质量年报是教育部重要项目评比和社会认识学校的重要依凭，建议加大对高职院校质量年报建设的指导和审核。

（四）部分重要标志性成果存在下滑

2018—2022年，陕西高职院校在国家级教学成果奖、全国职业院校技能大赛、全国职业院校技能大赛教学能力比赛三项重要标志性成果的位次均出现了下降。2022年陕西省高职院校获得国家级教学成果奖 23 项，相较于 2018 年获奖数量增加了 8 项，虽然在全国的获奖位次仍居第 10 位，但在西部的排名从第 2 位降到第 3 位；全国职业院校技能大赛获奖数量从 2018 年的 255 项下降到 2022 年的 64 项，在全国的位次从第 10 位下降到第 15 位；全国职业院校技能大赛教学能力比赛获奖数量从 2018 年的 16 项下降到 2022 年的 9 项，在全国的位次从第 13 位下降到第 16 位。

（五）科研与技术服务贡献较弱

2018—2022 年，陕西高职院校立足区域优势，以教促产、以产助教、产教融合、产学合作，不断提升人才培养供给侧和产业需求侧匹配度，服务区域经济社会发展，纵向科研到款额、横向技术服务到款额、技术产权交易收入、专利转化到款额等增幅分别为 60.88%、11.76%、12.64%、813.06%，提升显著。但与其他省份相比，陕西高职院校的科研与技术服务贡献能力较弱，纵向科研经费到款额、横向技术服务到款额、技术产权交易收入、专利转化到款额均低于全国平均水平，全国排名分别为第 18 位、第 14 位、第 15 位、第 16 位，不仅与广东、浙江、江苏、山东等发达地区差距明显，与同处西部地区的四川、重庆、广西也有一定的差距。

（六）政策支持和经费投入不足

为保障高等职业教育高质量发展，陕西省已经出台了《陕西省职业教育改革实施方案》等系列指导职业教育改革发展的重要文件，持续加大对职业教育的经费投入，改善高职学校办学条件，生均财政拨款从 2017 年的 9 475.57 元增加到 2022 年的 10 195.11 元，增幅 7.5%。但总体来看，对国家近期出台的一些重要文件还缺少省级层面的配套，高职院校在经费拨付上与普通本科院校还存在较大差距。与其他省份相比，年生均财政拨款低于全国平均水平 45 403.9 元，在全国排名第 26 位，也低于西部地区平均水平 13 528.08 元，在西部地区排名第 10 位。

四、推进陕西高等职业教育高质量发展建议

虽然近年来陕西高等职业教育取得了不错的成绩，但与习近平总书记提到的"陕西要有勇立潮头、争当时代弄潮儿的志向和气魄""奋力追赶、敢于超越，在西部地区发挥示范作用"的要求相比，我省仍需要进一步努力。

（一）贯彻落实党的二十大精神，开启高职教育新征程

一是加强与教育部的沟通合作，建立现代职业教育体系建设部省协同推进机制。抢抓现代职业教育体系建设改革带来的重要机遇，主动积极与教育部有关司局对接，强化职业教育建设的部省协同。

二是加强制度建设和机制创新。充分发挥职业教育厅际联席会议制度作用，在职业学

校关键办学能力建设、产教融合、职普融通、投入机制等方面，细化支持高职教育发展的激励政策。

三是加强产教融合平台建设与探索。鼓励高职院校围绕高端装备制造、现代农业、航空航天、能源化工等我省重点产业，与行业企业协同开展产教融合共同体建设与探索；鼓励各地市立足产业园区，探索开展市域产教联合体建设；以项目为载体，大力提升高职教育经济社会服务能力。

（二）加强高职教育省级统筹，建设现代职业教育体系

一是提升职业学校关键办学能力。加大政府统筹和支持力度，扎实推进职业院校办学条件达标工程和省级"双高"建设，做好新一轮国家"双高计划"培育和申报准备。

二是建好"双师型"教师队伍。加快推进省级"双师型"教师队伍认定标准、实施办法建设；支持建设一批省级职业教育"双师型"教师培养培训基地；实施职业学校名校长名师（名匠）培育计划；鼓励各地因地制宜，改革职业教育教师评聘制度，打造高水平教师队伍。

三是建设开放型区域产教融合实践中心。在职业院校聚集地市，围绕区域重点产业布局，聚合政行企校资源，共建共享一批集实践教学、社会培训、真实生产和技术服务功能为一体的公共实践中心、企业实践中心、学校实践中心。

四是搭建多样化的人才成长成才通道。完善职教高考制度，构建中高本纵向贯通和职普横向融通并行的现代职业教育体系，加强不同层次职业教育的人才培养衔接。支持具备条件的优质高职院校升格为职业本科院校，举办职业本科专业，加大高层次技术技能人才培养。

五是鼓励职业学校开展国际交流合作。立足省域产业国际化发展需求和各院校发展特色，在装备制造、铁路交通、现代农业等优势领域积极开展国际交流合作，建设一批海外学院、鲁班工坊，落实"中文＋职业技能"项目，输出一批具有国际影响力的专业标准、课程标准和教学资源。

（三）坚持特色发展思路，持续提升高职院校综合实力

一是优化职业院校发展布局。结合关中先进制造业大走廊、陕北高端能源化工基地、陕南优质生态产品基地的发展定位，围绕装备制造、能源化工、现代农业、旅游康养等区域特色产业发展需求，聚焦23条重点产业链布局，鼓励各职业院校立足学校办学特色错位发展，建设一批对接区域产业发展需求、特色鲜明的高水平高职院校和专业群。

二是加强优质教学资源共建共享。支持各院校围绕特色专业校企共建一批具有省域特色的核心课程、优质教材、实训项目等优质教学资源，并利用信息技术实现校际优质资源共享，带动兄弟院校同类专业高质量发展。

三是提升高职院校社会服务能力。鼓励高职院校与企业深度合作，校企合作建设共性技术服务平台，打通成果转移链条；共建技术创新中心，服务行业企业技术改造、工艺创新和产品升级。支持职业学校聚焦产业需求建设技能培训基地，面向新业态、新职业、新岗位开发培训包，开展技能培训，提升劳动者适岗能力，服务产业转型升级。

陕西高等职业教育质量年度报告
（2018 年）

2017 年，陕西高职教育深入贯彻落实《国家中长期教育改革和发展规划纲要（2010—2020 年）》，在陕西省委、省政府的正确领导下，按照教育部《高等职业教育创新发展行动计划》及陕西省《关于建设"一流大学、一流学科，一流学院、一流专业"的实施意见》等文件精神，以培养适应社会需求的高素质技术技能人才为主线，不断深化教育教学改革，提高人才培养质量，各高职院校服务经济社会发展能力和办学水平均有了明显提升。

为进一步加强我省高职教育教学质量，深化内涵建设，提升专业服务产业能力，为区域经济社会发展提供高素质技能型人才，按照教育部统一要求，现以陕西省高职院校人才培养工作状态数据信息采集平台（以下简称数据平台）汇总数据为依据，进行数据统计分析，并结合陕西高职教育实际情况，围绕"追赶超越"和"质量提升"两大主题，从基本情况、学生发展、教学改革、服务贡献、国际影响、政策保障、挑战与展望七个方面，对陕西高职教育总体情况和院校特色进行总结，形成反映陕西省高等职业教育改革发展质量的年度报告。

一、基本情况

陕西省高职院校各类全日制在校生 303 418 人，校均 8 200.49 人，居全国第 4 位；专任教师总数 13 213 人，校均 357.11 人，居全国第 6 位。

（一）院校分布

38 所高职院校分布覆盖全省 10 个地市，其中省会西安市较为集中，为 21 所，占总比的 55.26%；其他各地市分别为咸阳市 6 所，宝鸡市、汉中市、渭南市各 2 所，安康市、商洛市、铜川市、延安市、榆林市各 1 所，如图 1 - 1 - 1 所示。

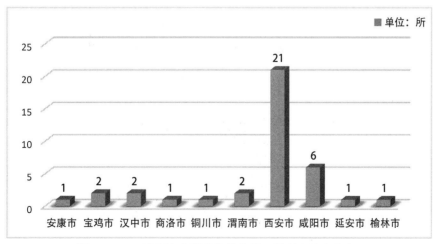

图 1 - 1 - 1　陕西省高职院校分布图（按所在地市分布）

（二）院校类型

按办学性质分类：公办院校29所，占总数的76.32%；民办院校9所，占总数的23.68%（见图1-1-2）。

按办学主体分类：省属高职院校12所，占总数的31.58%；行业和政府其他部门举办的高职院校6所，占总数的15.79%；市属高职院校11所，占总数的28.95%；社会资本举办的高职院校9所，占总数的23.68%（见图1-1-3）。

按示范性分类：国家示范高职院校3所，国家骨干高职院校3所，各占总数的7.89%；省级示范院校12所（包括立项建设尚未经过验收的4所院校），占总数的31.58%。

按院校类型分类：综合院校13所，占总数的34.21%；理工院校15所，占总数的39.48%；财经院校6所，占总数的15.79%；农业院校、医药院校、政法院校、艺术院校各1所，分别占总数的2.63%。

按照《关于做好高等职业教育创新发展行动计划（2015—2018年）任务（项目）申报工作的通知》（陕教高办〔2016〕41号），省教育厅遴选确定了12所高职院校为国家优质专科高等职业院校立项建设院校，如图1-1-4所示。

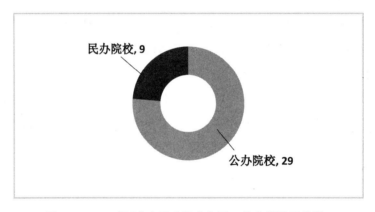

图1-1-2 陕西省高职院校分布图（按办学性质分类）

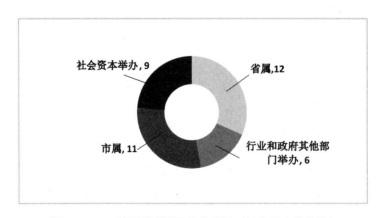

图1-1-3 陕西省高职院校分布图（按办学主体分类）

排序	学校
	XM-3优质专科高等职业院校建设项目
1	陕西工业职业技术学院
2	杨凌职业技术学院
3	西安航空职业技术学院
4	陕西铁路工程职业技术学院
5	陕西国防工业职业技术学院
6	陕西职业技术学院
7	西安铁路职业技术学院
8	咸阳职业技术学院
9	延安职业技术学院
10	陕西交通职业技术学院
11	陕西能源职业技术学院
12	渭南职业技术学院

图 1 - 1 - 4　陕西省国家优质专科高等职业院校立项建设院校

（三）办学资源

1. 基本条件

2017 年，陕西省高职院校 5 项基本办学资源和 6 项检测办学资源指标均达到国家合格标准。其中除师生比等 3 项指标与 2016 年基本持平外，其余指标均有所提升，且生均教学科研仪器设备值等 6 项指标增幅较大，见表 1 - 1 - 1。

表 1 - 1 - 1　陕西省高职院校办学基本条件一览表

序号	指标名称	单位	2017 年数据	2016 年数据	合格指标
1	生师比	—	16.04	16.08	18
2	具有研究生学位教师占专任教师的比例	%	46.62	43.59	15
3	生均教学行政用房	平方米/生	20.71	18.25	16
4	生均教学科研仪器设备值	元/生	13 027.17	9 590.51	4 000
5	生均图书	册/生	80.01	73.28	60
6	具有高级职务教师占专任教师的比例	%	29.02	28.68	20
7	生均占地面积	平方米/生	75.83	65.67	59
8	生均宿舍面积	平方米/生	10.16	8.56	6.5
10	百名学生配教学用计算机数	台	23.38	22.28	10
11	新增科研仪器设备所占比例	%	14.45	11.82	10
12	生均年进书量	册	5.55	0.47	2

2. 经费收入来源稳定

2017 年，全省高职院校经费收入总额 57.40 亿元，相较 2016 年减少了 5.95 亿元；全省平均经费收入总额 1.58 亿元；生均经费数 21 185.97 元/生，相较 2016 年减少了 3 228.03 元/生。

全省高职院校经费收入中，中央、地方财政专项投入共计 13.04 亿元，占总收入比例的 22.71%（见图 1－1－5）；学费收入共计 20.43 亿元，占总收入比例的 35.59%；财政经常性补助共计 20.40 亿元，占总收入比例的 35.54%；社会捐赠金额共计 545.18 万元，占总收入比例的 0.09%；其他收入 3.48 亿元，占总收入比例的 6.07%。与 2016 年相比，学费收入增加了 7 308.7 万元，增幅 3.71%；中央、地方财政专项投入减少了 2.51 亿元，减幅 16.13%；财政经常性补助基本持平。

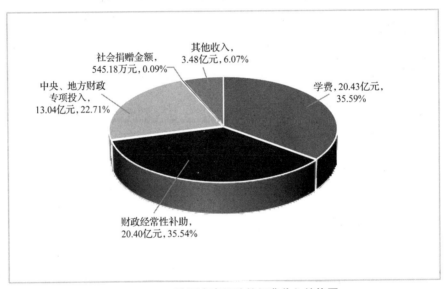

图 1－1－5　陕西省高职院校经费收入结构图

3. 保障条件逐渐完善

2017 年，陕西省高等职业院校占地总面积 1 792.88 万平方米，相较 2016 年（1 720.02 平方米）增加 72.86 万平方米，增幅 4.24%；建筑总面积 966.99 万平方米，增加 50.38 万平方米，增幅 5.5%；教学行政用房总面积 474.89 万平方米，增加了 23.9 万平方米，增幅 5.3%；生均占地面积 75.83 平方米，相较 2016 年（65.67 平方米）增长 10.16 平方米，增幅 15.45%；生均教学行政用房面积 20.71 平方米，相较 2016 年（18.25 平方米）增长 2.46 平方米，增幅 13.48%；生均产权校舍建筑面积 10.16 平方米，相较 2016 年（8.56 平方米）增长 1.6 平方米，增幅 18.7%。

4. 教学资源不断丰富

2017 年，全省高职院校生均教学科研仪器设备值为 13 027.17 元/生，比 2016 年

（9 590.51 元/生）提高 3 436.66 元/生，增幅 35.83%；百名学生配教学计算机数 23.38 台，百名学生配多媒体教室和语音实验室座位数 128.11 个，相较 2016 年稍有提高；新增科研仪器设备所占比例 14.45%，与 2016 年相比增长 2.36%。

馆藏纸质图书总册数 2 168 万册，比 2016 年 2 051 万册新增 117 万册；生均图书为 80.01 册，比 2016 年 73.28 册/生增加 6.73 册/生。

二、学生发展

（一）招生情况

2017 年陕西省高职院校计划招生总数为 113 728 人，实际录取 134 925 人，录取率为 84.29%，相较 2016 年（94.83%）下降 10.54%；实际报到人数 117 439 人，实际报到率为 87.04%，相较 2016 年（88.99%）下降 1.95%。

2017 年陕西省高职院校为继续推动考试招生制度改革，实行普通高考招生和基于高考的"文化素质 + 职业技能"评价方式两种分类招生制度。2015 年通过分类考试录取的学生占高职院校招生总数的一半左右，2017 年成为高职院校招生的主渠道。目前分类考试招生工作已成为推进陕西省招生制度改革的重点和亮点。

（二）职业素养

2017 年，陕西省高职院校坚持依托文化育人于无形，凭借立德树人于点滴，弘扬工匠精神，充分发挥技能大赛的引领作用，全方位提升育人水平，提高学生综合职业素养。

1. 技能大赛

2017 年，陕西高职院校在全国职业院校技能大赛中获奖 86 项，其中一等奖 9 项，二等奖 30 项，三等奖 47 项，获奖数量居全国第 10 位，总体排名连续 3 年快速提升；首次承办国家技能大赛 2 项，实现陕西省承办国赛零的突破。陕西工商职业技术学院、陕西艺术职业技术学院等办学年轻的高职院校在 2017 年国赛中表现突出，陕西工业职业技术学院获奖数量位列全国第 3、中西部省区第 1。如图 1 - 2 - 1 和图 1 - 2 - 2 所示。

图 1 - 2 - 1 陕西工业职业技术学院承办"光伏电子工程设计与实施"国赛

图 1-2-2　陕西工商职院杨延岚同学参加西餐服务赛项获全国一等奖

2. 文化育人

以文化校园建设为载体，充分发挥文化育人功能。通过统筹校园文化设施建设、创新校园文化活动载体、培育优秀校园文化成果、持续强化精神文明建设，探索校园文化建设长效机制，打造校园文化的核心竞争力。全面贯彻党的教育方针，落实立德树人根本任务，发展素质教育，培养德、智、体、美全面发展的毕业生。

由教育部关工委、中华全国总工会宣教部和陕西省教育系统关工委联合主办的"大国工匠进校园"活动陕西首场在陕西工业职业技术学院进行，活动以"弘扬工匠精神，提升职业素养"为主题，邀请不同行业的技能大师走进校园，展示工匠精神，引导学生提升综合素养，成为工匠精神的传承者和弘扬者。如图 1-2-3 和图 1-2-4 所示。

图 1-2-3　"大国工匠进校园"活动陕西首场在陕西工业职业技术学院进行

图 1-2-4　西安铁路职业技术学院读书活动月场景

案例 "立德树人"——"追赶超越、争创一流，为陕西工业职业技术学院打 CALL"

该院以"立德树人"论坛作为全面提升教书育人、管理育人、服务育人、环境育人的意识和工作水平的有效载体，每年举办一次，每届以不同的主题开展研讨，已连续举办五届。2017 年"立德树人"论坛的主题为"追赶超越、争创一流，我为陕西工院打 CALL"。同时，该院还将"立德树人"论坛深化为全院加强和改进思想政治工作、强化校园文化育人功能的系列举措，先后组织开展了"三走进"暑期调研、"追赶超越、争创一流，我为学院发展建言献策"大讨论、师生"同读习近平七年知青岁月""中国梦·工院情"书画摄影艺术展等系列活动，在师生中普及理想信念教育、社会主义核心价值观教育和"我的中国梦"主题教育，将思政教育贯穿于教育教学与管理服务的全过程，并贯穿到学生培养和教师发展的全过程，深化思想政治教育的贴近度与鲜活力。

案例 杨凌职业技术学院启动实施"传统文化经典晨读朗诵"工程

该院 2017 年创造性地提出"经典晨读"教育活动，印发了《杨凌职业技术学院关于开展"经典晨读"活动的通知》，编写出版《中华经典晨读百篇》，师生人手一册，要求大一、大二学生每天早晨第一节课前 10 分钟，由领读者带领全班同学进行中华经典晨读，每周 1 篇，每篇晨读 1 周，让学生在朗读中体会中国传统文化的博大精深。中华经典晨读活动与学生所学专业结合，陶冶了学生的思想情操，丰富了立德树人工作内容，坚定了师生文化自信，提升了校园文化品位。

3. 就业质量

截至 2017 年 9 月 1 日，陕西高职院校应届毕业生共计 86 608 人，就业率 89.11%。应届毕业生平均月收入 2 863 元，毕业生对母校满意度 90%，雇主平均满意度 93.56%。与 2016 年就业指标数据（见表 1-2-1）对比，毕业生收入、母校满意度、雇主满意度逐年提高，毕业生就业岗位与专业相关度逐年契合，例如：西安铁路职业技术学院毕业生的专业相关度 2015 年为 87.32%、2016 年为 88%、2017 年为 90.31%，均高于全国高职院校 62% 的平均值，部分专业如高速动车组检修技术、机电一体化技术、铁道机车车辆、城市轨道交通工程技术、铁道车辆等专业相关度均超过 95%。

表 1-2-1 陕西省高职院校 2016 年及 2017 年计分卡

序号	指标	单位	2016 年	2017 年
1	就业率	%	85.3	89.11
2	月收入	元	2 796	2 863
3	理工农医类专业相关度	%	85	86
4	母校满意度	%	89	90

序号	指标	单位	2016 年	2017 年
5	自主创业比例	%	3	1.92
6	雇主满意度	%	91	93.56
7	毕业三年职位晋升比例	%	32.29	38.96

4. 职业发展

根据对毕业生的跟踪调查显示，陕西省高职院校毕业生职业发展良好，毕业三年职位晋升比例达到 32.44%。

案例　西安铁路职业技术学院毕业生焦小康荣获"全路技术能手"称号

该院 2015 届毕业生焦小康，在西安铁路局延安工务段工作，两年多来，严格要求自己，刻苦钻研，参加各级各类大赛，成绩突出。2016 年 5 月参加本段防洪知识竞赛获得第一名；2016 年 8 月参加本段线路工技能竞赛获得第二名；2016 年 12 月参加本段防寒知识竞赛获得第一名；2017 年 7 月参加本段技能竞赛获得第二名。他爱岗敬业、踏实肯干，2016 年获得段和局的"优秀团支部书记"和"新长征突击手"荣誉称号；2016 年 10 月参加西安铁路局线路工职业技能竞赛获得团体第三名；2017 年 8 月参加西安铁路局工务处技能竞赛获得团体成绩第二名及个人综合成绩第三名，被授予"全局技术能手称号"；2017 年 9 月参加西安铁路局第五届职业技能竞赛获得铁路线路工专业第二名，再次被授予"全局技术能手"称号；2017 年 9 月在全国铁路总公司第五届全国铁道行业职业技能大赛获得铁路线路工第十名的好成绩，被铁路总公司授予"全路技术能手"荣誉称号。

5. 创新创业

2017 年陕西省高职院校毕业生自主创业占比为 2.76%，相较 2016 年略有提升。各高职院校通过修订完善人才培养方案，设置创新创业专门学分和职业规划与就业指导，将创新创业教育、职业规划与就业指导融入人才培养过程中。同时，以"互联网 +"创新创业大赛为抓手，继续推进创新创业试点院系建设项目，2017 年新增 12 个创新创业试点院系，分层实施，重点突破，实现以赛促教、以赛促学、以赛促练、以赛促创，全面深化创新创业教育改革。此外，杨凌职业技术学院和陕西铁路工程职业技术学院获国家级比赛铜奖，实现了"互联网 +"创新创业大赛国赛零的突破。

案例　陕西铁路工程职业技术学院王刘勋毕业生入选 2017 年第七届陕西大学毕业生建功立业先进事迹报告团

王刘勋，2003 年毕业于陕西铁路工程职业技术学院，现为中铁一局集团四公司副总工程师，兼甘孜州农村通乡公路指挥部部长，先后参加了都汶高速、映汶高速、桃巴公路、雀儿山隧道、甘孜州农村通乡公路等项目建设，获全国青年岗位能手、中国中铁十大杰出青年、中国中铁劳动模范、陕西省劳动模范等荣誉称号，入选2017年第七届陕西大学毕业生建功立业先进事迹报告团。

案例 杨凌职业技术学院毕业生刘君创办企业2017年获陕西省明星创业企业称号

刘君，中国民营企业西北分会副会长，杨凌亿霖园林工程有限公司总经理。2013年毕业于杨凌职业技术学院生物工程学院现代园艺技术专业，创办杨凌亿霖园林工程有限公司，公司现有职工20余人，其中高级职称3人，高级技师3人；公司与12家合作社合作，惠及360多户，为200多人提供就业岗位，帮扶贫困大学生6名，帮扶贫困户34户；2016年获得杨凌示范区明星创业企业，2017年获得陕西省明星创业企业。

案例 依托创新类社团，培育知名创客项目

陕西工业职业技术学院实施大学生创新创业工程，设立40万元学生创新基金，陆续建成了由学生自主经营的校内连锁营运体验店、淘宝创业工作室、小麦公社、京东派、咖啡屋、服装设计自营店等。该院物流管理学院创新创业团队获批2017年陕西省"高校共青团员先锋岗（队)"，是全省11个入围团队中唯一的高职院校团队；通过组建科技创新类社团26个，学生通过协会申报专利30多项，先后涌现出机械创新小组、智能微电网工作室、新能源协会、"C+创能空间"等一批在校知名创客项目。

三、教学改革

（一）专业建设

1. 专业布局

陕西38所高职院校开设专业306种，校均27.05种，专业在校生平均规模294.91人。根据国家教育规划纲要精神及陕西省"十三五"经济发展规划的产业发展布局需求，主动面向区域支柱产业、重点产业发展和经济社会紧缺人才需求，统筹陕西高等职业学校专业建设布局和发展规模，设置专业动态调整机制，有针对性地调整和设置专业，促使专业设置与产业发展有效衔接，专业规模与区域经济社会发展需求相适应，提升专业服务产业的能力。

我省高职院校开设专业覆盖全部高职教育19个专业大类，其中土建大类、制造大类、电子信息大类、财经大类专业数量较大，这与陕西产业发展规划布局相适应。具体分布如图1-3-1所示。

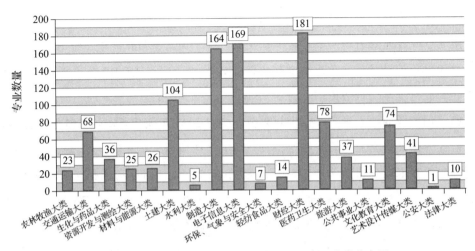

图 1 - 3 - 1　陕西省高职院校设置专业所属专业大类分布图

专业布局紧紧围绕省"十三五"事业发展规划中重点发展产业需求调整专业结构，其中：面向现代农业的专业 24 个，占专业总数的 2.05%；面向能源化工产业的专业 115 个，占专业总数的 9.85%；面向装备制造、交通运输业的专业 272 个，占专业总数的 23.29%；面向新兴产业的专业 169 个，占专业总数的 14.47%；面向传统产业的专业 211 个，占专业总数的18.07%；面向服务业的专业 377 个，占专业总数的 32.27%，整个高职教育专业布局适应陕西经济事业发展。如图 1 - 3 - 2 所示。

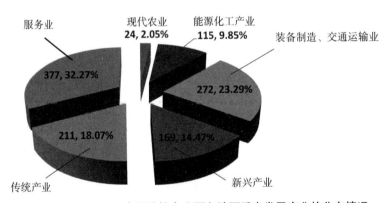

图 1 - 3 - 2　高职院校专业面向陕西重点发展产业的分布情况

2. 骨干专业建设

陕西省建成国家级示范高职院校国家级重点专业 30 个，国家级特色专业 12 个；在建国家骨干高职院校国家级重点专业 14 个，国家级特色专业 7 个；省级高职教育重点专业 239 个，其中国家级重点专业 33 个，省级重点专业 206 个。在国家示范及省级重点专业建设、配套建设完成央财支持专业提升产业服务发展能力项目的基础上，主动面向区域支柱产业、重点产业发展和经济社会紧缺人才需求，遴选 38 个专业启动实施省级高等职业院校专业综合改革试点项目，立项建设 117 个。

骨干专业开展订单班 245 个，订单班学生 7 481 人。本年度骨干专业招生人数 41 906 人，在校生人数 130 615 人，毕业生人数 43 627 人，已就业人数 42 439 人，就业率 97.3%。建设骨干专业校内实训基地 1 914 个，占地面积 1 357 815.84 平方米，合作企业 1 869 个，提供实训岗位 70 723 个。与一汽大众、中铁一局集团有限公司、欧姆龙公司、亿滋中国等 191 家企业开展现代学徒制培养学生 5 697 人。骨干专业中获国家级职业院校技能大赛奖项 167 项，获奖 397 人次；获省级技能大赛奖项 441 项，获奖 1 341 人次。

（二）课程建设

以培养学生职业能力、职业道德及可持续发展能力为基本点，融入创新创业教育，构建起以职业能力培养为本位的专业课程体系；以信息化技术为推手，积极参与国家级专业教学资源库和精品在线开放课程建设，形成课程、教材、数字化等资源。2017 年我省共建设省级精品在线开放课程 58 门（见图 1 - 3 - 3），涵盖各大专业门类，资源数量 26 364 条，资源容量 840 GB，教师用户 493 人，学生用户 45 224 人，社会用户 2 687 人，用户访问量达到 1 035 724 人次。其中专业核心课程最多，达到 37 门，占比 63.79%。

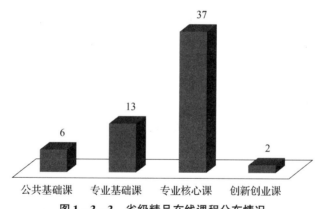

图 1 - 3 - 3 省级精品在线课程分布情况

从美、德、英、日等国家学习和引进国际先进、成熟适用的职业标准 14 项、专业课程 146 门、教材 211 本及数字化教育资源 39 个，专业课程涵盖旅游大类、交通运输大类、材料与能源大类、资源开发与测绘大类、土建大类、制造大类、电子信息大类、财经大类等专业门类。

（三）师资队伍建设

1. 强化教师队伍建设

全省高职院共有教职工 21 312 人，专任教师 13 213 人，占 62.00%；兼职教师 4 871 人，占 22.86%；校平均生师比例达到 16.04，教师队伍结构进一步优化。各高职院校围绕培养、引进、使用、发展四个环节，深入实施人才强校战略，目前高级职称教师占专任教师比例为29.02%，逐步建立了以教师教学能力发展为主、专业实践能力和研究能力发展为两翼的师资队伍建设框架。其中，双师素质教师占专任教师比例为34.19%，研究生学历或硕士以上学位教师占专任教师比例为46.62%。如图1-3-4所示。

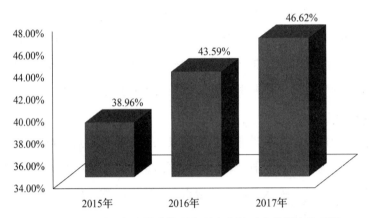

图1-3-4　近三年高职院校硕士研究生及以上教师占比情况

注重教师技能提升，鼓励教师到国内外重点高校继续深造，出台学历技能提升相关政策支持，在科研经费启动、学位奖励等方面给予优惠支持，年度高职院校教师到41个国家和地区的90个机构及64所高等院校开展合作交流项目，外派教师373人次。

2. 发挥名师引领，促进职教师资水平提升

积极贯彻全国教育工作会议精神，结合区域产业结构调整和优化升级的需求，实施"陕西高校教学名师引领计划"，完善教学名师"培育-选拔-应用"机制，打造在国内外具有重要影响的大师级教学领军人物。陕西目前有国家级教学名师14名，省部级以上教学名师共141名，通过名师的辐射带动作用，推动高职教师素质与教育教学水平的整体提高。

3. 加大师资培养力度

各高职院校充分发挥高层次人才的示范、引导和传、帮、带的作用，形成科学的教师培养梯队，通过采用"以老带新"的到企业生产一线实践锻炼等措施，迅速提升青年教师教学业务能力和实践动手能力。2017年度有22所院校建立以老带新的青年教师培训机制，新老教师结对数量达到1 303对；11所院校制定"双师型"教师标准，年度"双师型"教师认定人数达到658人。

各院校特别注重骨干专业教师的技能提升和培养，2017年度有2 123名骨干教师参加国家级、省级培训项目，骨干专业专任教师数量达到4 236人，其中"双师型"教师数量3 111人，占比73.44%。与合作企业进行教师工程实践能力锻炼，有计划地参与企业技术攻关、科技推广、技术服务等工作，骨干教师的技术服务能力有了大

幅度的提升，对外社会培训达到 264 529 人·日，技术交易到款金额 570. 178 万元，横向技术服务到款金额 1 340. 06 万元，纵向科研经费到款金额 842. 35 万元，授权专利数量 189 个。

4. 技能大师工作室建设

全省高职院校把指导学生顶岗实习的企业技术人员纳入兼职教师管理范围，兼职教师人数 16 200 人。在院校内部建立企业技能大师工作室，充分发挥高技术高技能人才的示范和引领作用，如图 1 - 3 - 5 ~ 图 1 - 3 - 8 所示。2017 年度有 6 所院校建立了 6 个技能大师工作室，技能大师数量为 12 人；完成了工作制度、资金管理制度、技能团队的组建、培养传承人的确定等工作，并已经开展技术交流及培训等社会服务工作。

陕西省高职院校技能大师工作室建设一览表见表 1 - 3 - 1。

图 1 - 3 - 5　曹晶数控技能大师工作室

图 1 - 3 - 6　叱培洲焊接技能大师工作室

图 1 – 3 – 7　宝鸡凤翔泥塑工作室

图 1 – 3 – 8　国家教学名师工作室

表 1 – 3 – 1　陕西省高职院校技能大师工作室建设一览表

序号	大师工作室名称	所属院校	大师姓名
1	曹晶数控技能大师工作室	陕西工业职业技术学院	曹晶
2	凤翔泥塑工作室	宝鸡职业技术学院	胡新明、胡垛、邰伟、胡晓红、张峰、茹振乾、雪彩娟
3	叱培洲焊接技能大师工作室	陕西铁路工程职业技术学院	叱培洲
4	玉雕技能大师工作室	陕西艺术职业学院	寻琇琳
5	阚有波大师工作室	西安航空职业技术学院	阚有波
6	钢雕焊书大师工作室	延安职业技术学院	苗晓峰

（四）信息化建设

1. 基础设施日渐完善

高职院校建立了基础校园网，并且平均网络带宽不断升级，高于全国平均比例。92%的高职院校建设了无线网络，25%的高职院校实现了校园内无线网络的全覆盖，47%的高职院校建立了校园一卡通，与全国平均水平相比保持领先地位。

以"打造数字化环境，构建数字化资源，提供数字化手段"为目标，我省高职院校校园构建多媒体教室和标准化视频监控考场，有效解决了数据共享、资源共用、渠道共通问题。此外，部分院校建成了涵盖教学资源、管理资源及服务资源三层架构的资源平台和集多项应用功能为一体的信息服务平台。

鼓励和提倡教师使用智慧职教平台中的云课堂平台，通过在线预习、网络签到、实时交互、混合式教学及课堂分析完成教学过程数据的实时采集分析，另外通过平台开展公选课程的网络课堂教学管理，引入优质教学资源，实现学生学习过程的实时跟踪、分析、考试和考勤，教学效果明显提升。

中央及各级行政部门财经拨款、院校自筹共计 1.2 亿元，推动落实《职业院校数字校园建设规范》，建设高等职业教育人才培养工作状态数据管理系统，全省 19 所高职院校将信息技术应用能力作为教师评聘考核的重要依据。

2. 信息化资源逐年增加

我省高职院校 2016 年度参与、建设职业教育专业教学资源库 17 个，2017 年度增加 3 个，涵盖课程 119 门，其中教师用户 2 779 人，学生用户 65 522 人，企业用户 3 171 人，社会用户 2 209 人，总访问量 940 606 次，点击总次数 10 502 374 次，累计使用 287 563 小时，交流互动 204 183 次，如图 1 - 3 - 9 所示。

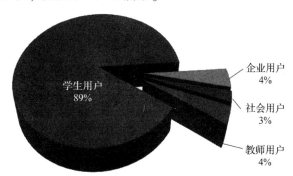

图 1 - 3 - 9 资源库信息资源用户情况

陕西省高等职业教育专业教学资源库项目名单见表 1 - 3 - 2。

表 1 - 3 - 2 陕西省高等职业教育专业教学资源库项目名单

序号	主持单位	专业名称
GZ - 1601	陕西铁路工程职业技术学院	地下与隧道工程技术
GZ - 1602	杨凌职业技术学院	水环境监测与治理
GZ - 1603	陕西工业职业技术学院	机械制造与自动化
GZ - 1604	陕西工业职业技术学院	电子信息工程技术
GZ - 1605	陕西铁路工程职业技术学院	铁道工程技术

续表

序号	主持单位	专业名称
GZ－1606	杨凌职业技术学院	审计
GZ－1607	陕西能源职业技术学院	煤化工技术
GZ－1608	陕西交通职业技术学院	新能源汽车技术
GZ－1609	陕西国防工业职业技术学院	机械产品检测检验技术
GZ－1610	陕西交通职业技术学院	智能交通技术运用
GZ－1611	陕西国防工业职业技术学院	精细化工技术
GZ－1612	陕西财经职业技术学院	财务管理
GZ－1613	陕西职业技术学院	旅游管理
GZ－1614	陕西航空职业技术学院	飞机电子设备维修
GZ－1615	西安航空职业技术学院	空中乘务
GZ－1616	延安职业技术学院	石油化工技术
GZ－1617	陕西旅游烹饪职业学院	中西面点工艺
GZ－1701	杨凌职业技术学院	食品营养与检测
GZ－1702	陕西铁路工程职业技术学院	土木工程检测技术
GZ－1703	陕西交通职业技术学院	城市轨道交通机电技术

3. 信息化教学水平不断提升

按照"完善环境—拓展应用—深度融合"的三段式发展思路，开展省级信息化教学大赛。在全国职业院校信息化教学大赛高职组比赛中，陕西高职院校获一等奖 2 项、二等奖 3 项、三等奖 9 项，获奖数量居全国第 12 位，省教育厅获最佳组织奖，实现了历史性突破。如图 1 - 3 - 10 所示。

图 1 - 3 - 10　西安职院教师参加 2017 年全国职业院校信息化教学大赛决赛

案例　西安职业技术学院以信息化教学竞赛为抓手，推进课程信息化教学改革

该院以创新发展和网络信息技术发展为契机，深入推进课程的建设与改革，继续推进基于信息化的课程教学设计工作，将课程建设成果落实到课堂教学层面。各专业采用工学交替、任务驱动、项目导向、工作室等教、学、做一体化教学模式，加强课程教育手段与现代信息技术的融合，充分利用多媒体技术、网络课堂、虚拟仿真等现代教育手段，采用案例分析、情境教学、自主探究等先进教学方法，突出教学的生动性、直观性、交互性、高效性，积极开展混合式教学改革与尝试。通过组织开展微课、信息化教学等各类竞赛，提升了教师的教学设计能力和教育教学水平。2017 年该院教师获得省级信息化教学大赛一等奖 5 项、国家级信息化教学大赛一等奖 2 项。

四、服务贡献

（一）产教融合

1. 生产性实训基地建设

2017 年度我省 25 所高职院校与 149 个企业共建生产性实训基地 97 个，总面积 2 779 977 平方米，提供实训工位 26 829 个；生产性实训基地专职教师 1 263 人，兼职教师 931 人，兼职教师中企业技术人员达到 770 人，占比高达 82.7%；生产性实训基地开展职业技能鉴定工种 189 项，开展职业技能鉴定 29 364 人，为社会开展专业技术技能培训 138 866 人次；生产性实训基地社会服务方面，技术成果转化 52 项，产品、服务收入总额 13 531.93 万元。

案例　校企合作稳步推进，合作成果再次绽放

西安航空职业技术学院与陕西国一四维航测遥感有限公司于 2013 年开始合作，截至 2017 年，共同建成"陕西省测绘地理信息从业人员职前培训生产性实训基地"，"航测订单班"已经成立五届，为国一四维培养 40 名优秀毕业生。该院 3 名教师和 37 名摄影测量与遥感技术专业学生先后参与了 G6 线国家高速公路格尔木至那曲段的勘察测量项目。在项目完成过程中，西安航空职业技术学院学生不畏艰苦、克服高原气候，于 2017 年 11 月圆满完成了格尔木至那曲段的航飞外业像片控制点勘察任务，得到了企业的充分肯定。如图 1 - 4 - 1 和图 1 - 4 - 2 所示。

图 1 - 4 - 1　无人机测量小组

图 1 - 4 - 2　勘查测量项目团队

2. 虚拟仿真中心及协同创新中心建设

陕西工业职业技术学院、陕西铁路工程职业技术学院、杨凌职业技术学院及西安航空职业技术学院与正泰电气有限公司、西安铁路局工务机械段、兰州铁路局机械段、西安空工西航机械厂、北京灵境视景科技有限责任公司合作，建设机械制造虚拟仿真实训教学中心、大机综合仿真实训中心、电气工程虚拟仿真实训中心、隧道与桥梁工程虚拟仿真实训中心、虚拟仿真中心，涵盖专业 23 个，开设实训项目 270 个，2017 年度开设实训总学时10 200 学时，虚拟仿真软件数量 20 套，实训条件得到了改善，实训效果得到了提升。

以市场为导向多方共建应用技术协同创新中心，我省 17 所院校启动协同创新中心建设项目 25 个，承担省级以上科研项目共计 10 项，承担横向科研项目 26 项，项目到账金额 686 万元，其中陕西铁路职业技术学院 BIM 技术研究中心承担的 20 项横向科研，授权专利 19 项，到款 610 万元，占全省项目数量的 76.9%、到账金额的 88.9%。

3. 职教集团建设

近年来我省出台系列现代职业教育政策文件，积极推动校企合作办学，鼓励企业职工参加职业技术培训，支持校企共建共享生产性实训基地、产品研发中心和科技创新中心；严格落实企业参与职业教育的税收优惠政策，政府可通过购买服务、专项补贴、奖励等方式支持企业举办职业院校；要求企业将开展职业教育的情况纳入其社会责任报告；鼓励职业院校师生将拥有知识产权的技术开发、产品设计等成果作价入股企业；探索职业教育集团治理结构，推动国有大中型企业牵头组建职业教育集团，创建了一批示范性职业教育集团。

案例 "全国机械行业材料成型与控制技术职业教育集团"成立

陕西工业职业技术学院牵头组建的全国机械行业材料成型与控制技术职业教育集团于 2016 年 10 月正式成立；由我院牵头组建的陕西装备制造业职业教育集团正在积极创建全国示范性职业教育集团，不断探索深化校企合作、集团化办学新模式。2017 年 5 月，学院依托行业发展，携手全国共 26 个省市自治区的骨干企业和行业院所等 402 家成员单位，牵头成立了以"跨界、融合、协作、共赢"为宗旨的"校企协同育人战略联盟"，为校企合作搭建了更广阔的平台。

（二）深化校企合作

结合现代学徒制试点工作，做大、做实与世界知名跨国公司开展的"订单班"，加大与合作企业在共建实训室、专业和课程开发、"双师型"教师培养方面的力度；重视与"一带一路"国家企业的合作，继续寻求与世界知名企业建立校企合作关系；紧随国家产业输出，实施毕业生境外企业就业和跨国企业员工来校短期培训项目，实现对外合作教育的新突破。我省高职院校秉承高职教育服务地域经济与产业发展的责任使命，依托重点建设职业教育师资培养基地和骨干专业师资条件的优势，面向社会及国外企业提供员工技能培训，取得丰硕成果。

案例　杨凌职业技术学院走出国门服务"一带一路"

杨凌职业技术学院与俄罗斯库尔斯克州大地农业开发公司及中国杨凌俄罗斯库尔斯克州农业科技合作园签订合作备忘录。根据"备忘录"，该院将对中国杨凌俄罗斯库尔斯克州农业科技合作园建设进行技术指导；在中国杨凌俄罗斯库尔斯克州农业科技合作园，对俄罗斯库尔斯克州大地农业开发公司及周边地区农业园区职业农民进行涉农技术培训；在杨凌，对俄罗斯库尔斯克州大地农业开发公司及该州地区农业园区职业农民进行涉农技术培训；在俄罗斯库尔斯克州大地农业开发公司建立学院现代农业技术培训基地。

（三）拓展社会服务功能

我省高职院校积极履行社会责任，发挥各自优势，面向企业职工、事业单位员工、现役军人、退役士兵及农村劳动力等不同行业的人员开展形式多样的职业技能培训，有效提升了各类从业人员的职业技能水平。数据显示，2017 年度，19 所院校面向行业企业开展继续教育培训，其中学历教育培训 14 481 人次，非学历教育培训 139 934 人次，为终身教育体系构建和学习型社会建设提供了重要支撑，社会效益良好。

各高职教育将以实施《高等职业教育创新发展三年行动计划》为契机，响应国家"走出去"发展战略，拓宽对外交流合作内容和形式，将培训输出作为对外合作交流主渠道，输入技能培训和学历职业教育。2017 年度，我省高职院校与共建"一带一路"国家在国（境）内开展国际合作，其中陕西工业职业技术学院、陕西交通职业技术学院到共建"一带一路"国家办学，在国内为共建国家开展学历教育培训学生 481 人，开展培训 230 人次；在国外为共建国家开展技能培训 867 人次，为周边国家培养了熟悉中华传统文化及当地经济发展急需的技术技能人才。

各高职院校发挥特长优势，面向周边社区积极开展"关爱孤寡空巢老人"、重阳节送温暖、老年艺术课程培训、扶贫义诊、书画大赛、旗袍秀等社区教育、老年教育活动 37 项，30 525 人参与活动，为社区居民提供了有效帮助，丰富了社区居民的业余生活。

案例　陕西工业职业技术学院承担陕西省益秦集团服装技术与管理培训

陕西工业职业技术学院于 2017 年 6 月至 12 月历时 6 个月，为陕西益秦集团举办服装技术管理业务培训班两期，共计培训来自西安、宝鸡、渭南、延安等 10 余所监区干警 100 名。结业学员每人完成培训心得 1 篇、论文 1 篇、制作服装作品 8 件、结业作品 1 件，学员业务能力和实践操作水平有明显提升，成为企业生产的骨干。部分学员还利用所学在本单位为干警职工及服刑人员举办培训班，使得培训效果得到更好的延伸和辐射。如图1-4-3所示。

图1-4-3　学员结业作品展示第一期培训合影

（四）助力脱贫攻坚战略

一年来，省教育厅切实增强政治意识、大局意识、核心意识、看齐意识，将思想和行动统一到中、省的决策和部署上来，充分发挥高职院校教育人才、资源优势，以助力产业发展为主线，将开展产业扶贫培训作为高职院校践行社会服务职能的重要内容，全身心投身于产业脱贫攻坚战，共同构建政府、院校、群众"三位一体"的产业扶贫生态体系，取得阶段性成果。

精确施策。积极与地方政府对接，认真开展需求调研，细致调查摸底，弄清地方产业发展和群众的需求"菜单"，制定符合实际的培训方案。组织高校结合自身优势与群众实际需要，开发满足群众需求的培训项目，强化针对性；组织高校高水平师资力量，深入田间地头、厂矿车间，手把手开展培训，确保培训实效，重点做好家庭困难群众培训。特色产业培训工作开展一年来，取得了经济效益和社会效益"双丰收"。

表1-4-1所示为职业院校农民培训基地名单。

表1-4-1　职业院校农民培训基地名单

序号	学校名称	共建单位名称	所在市县
1	杨凌职业技术学院	镇巴县职业中学	汉中市镇巴县
2	杨凌职业技术学院	商南县职业教育中心	商洛市商南县
3	陕西工业职业技术学院	新建中等职业技术学校	安康市汉滨区
4	西安航空职业技术学院	商南县东正化工有限责任公司	商洛市商南县
5	西安航空职业技术学院	岚皋县职业教育中心	安康市岚皋县
6	西安医学高等专科学校	镇安县职教中心	商洛市镇安县
7	陕西交通职业技术学院	镇安县职业教育中心	商洛市镇安县
8	商洛职业技术学院	镇安县职教中心	商洛市镇安县
9	汉中职业技术学院	镇巴县职业中学	汉中市镇巴县

案例 杨凌职业技术学院"四大举措助力教育扶贫，彰显农业职教办学特色"

率先实施农民学历教育，圆了农民"大学梦"。2017 年 5 月 16 日举行的杨凌职院与眉县人民政府校县合作签字仪式上，55 名眉县职业农民和村干部喜领"杨凌职业技术学院录取通知书"。这意味着每年都会有一批来自全省的职业农民和村干部踏入杨凌职院校门，开始他们梦寐以求的大学生活。农民学历教育班成为杨凌职院教育扶贫的重要途径。

建立职业农民培育学院，让更多农民拥有一技之长。杨凌职院积极探索职业教育办学新模式，先后在陕西富平、杨凌、彬县、洛川、镇坪、周至、眉县、麟游、旬邑、太白 10 个县区建立了职业农民培育学院。通过加强校地合作，开展职业农民培训，造就了一批有文化、懂技术、会经营的新型职业农民，使其成为带领当地农民致富奔小康的"领头羊"。

结对帮扶贫困县，为地方发展注入强劲动力。宝鸡市太白县鹦鸽镇棉寺坝村是杨凌职院包抓结对的贫困村，采取群众"点菜"、学院"端菜"的方式，根据村上实际情况和村民迫切需求，分别设立了果树、蔬菜、药材、养殖、植保 5 个专业小队，组队带着现代农业科技下到基层一线，送到村民家里，因户施策，精准扶持，通过不同"菜单"弥补贫困家庭脱贫致富能力的"营养缺失"。

设立玉树、果洛水利订单班，服务水利事业科学发展。在水利部、青海省玉树州与杨凌职业技术学院的共同推动下，杨凌职院与青海省玉树州、果洛藏族自治州政府签订水利人才订单班培养协议，根据藏区实际，在课程设置、生活安排、学习方式上给予特别安排，每年将为当地定向培养水利专业人才，解决当地水利人才资源匮乏这一"老大难"问题。

案例 安康职业技术学院主动承担社会责任，服务脱贫攻坚

该院发挥地方高职院校办学优势，按照"企业 + 合作社 + 贫困户"的模式，签订三方协议，定点采购贫困户农副产品 1 万余斤，助推贫困村合作社发展和贫困户增收。该院发挥安康"安康和汤：绿茶冲泡新技能"专利技术和师资优势，积极探索"金融（贷款）+ 职业农民培训 + 就业创业"的扶贫路子，与石泉县联合开展产学研示范基地和实体项目建设，推广该项技术，助推县区茶叶产业及相关产业发展，服务县区精准脱贫。

案例 陕西铁路工程职业技术学院推进基础建设扶贫工程，筑牢扶脱攻坚根基

陕西铁路工程职业技术学院在洋县交通运输局挂牌设立"洋县基础设施建设技术服务站"，为洋县交通系统道路建设工程、城建系统农村房屋安全性鉴定工作等基础设施建设提供技术服务人员保障。该院选派建筑工程系骨干教师挂职洋县住建局的质量监督中心，协助质监站对贯溪镇等 43 个行政村中的 300 多户贫困户进行了危房鉴定；选派 3 名骨干教师赴洋县交通局对接洽谈乡村道路及国道改建设计施工项目，并到洋县槐树关镇北梁村踏勘线路，采集地形数据，完成了北梁村通村公路的设计工作；选派骨干教师在洋县交通运输局挂职开展技术扶贫，帮助完成设计图纸的审查和工程预算核算及现场技术指导，节约成本10余万元。

五、国际影响

近年来，陕西省高度重视并大力发展国际教育交流与合作，全省高职院校在国际化学生培养、国际院校合作、引入国际先进标准、教师国际培养、与跨国公司合作共育人才以及服务企业"走出去"等方面取得了一定成效，并积极探索新的合作模式和培养工作，进一步推进我省高职院校办学国际化，提高了人才的培养水平和质量。

（一）国际交流与合作

拓展中外合作领域深度和广度。2017年，我省高职院校深挖现有项目潜力，搭建优质合作平台，拓宽合作领域，在师生国际化培养、优质教育资源引进、"一带一路"项目建设等方面亮点突出，在海外办学、留学生招生等方面实现新突破。

搭建师生双向交流学习平台。我省高职院校继续加强与国（境）外教育机构的交流合作，依托世界职业院校联盟、联合国教科文组织国际职业教育与培训中心、中德高等职业教育合作联盟、中国—东盟轨道交通培训联盟等平台，参与世界职业教育政策对话；通过师生交流、教师访学、创新创业教育、学术科研合作、学生联合培养、国际技能大赛合作、海外办学、"一带一路"教育援助等近60个项目加强交流与学习。陕西工业职业技术学院与德国BSK国际教育机构联合培养德制硕士学位应用型工程师；陕西铁路职业技术学院"高端技能型、应用型人才联合培养百千万交流计划"以及陕西交通职业技术学院中德职业教育汽车机电合作、中韩联合培养应用型本科人才等国际性项目，培养具有国际水准的高水平工程师，为教师发展、学生成长搭建国际化交流平台。

（二）服务职教"走出去"战略

我省高职院校积极响应国家"一带一路"发展战略和"走出去"项目，与俄罗斯、新加坡、马来西亚、柬埔寨、印度尼西亚、波兰6个共建"一带一路"国家的10多所高校建立了合作关系，开拓了新领域。陕西工业职业技术学院、杨凌职业技术学院、陕西铁路职业技术学院、西安航空职业技术学院等院校先后派遣40多人次参与"走出去"项目，开展国际交流合作培训。西安航空职业技术学院参与肯尼亚师资培训项目——当地职业院校自动化控制专业教师进行低压电气控制、电工基础、PLC技术应用、变频器技术应用等方面的理论和实操培训；陕西工业职业技术学院牵头开发"走出去"教学标准制定；杨凌职业技术学院主动融入杨凌"一带一路"国际农业创新中心，开展国际合作与技术交流，为中亚国家举办农技人员培训近300人。通过该项目，打造了我省高职教育国际品牌，较好地服务"一带一路"国家战略和国际产能合作，扩大了我省高职办学的国际影响力。

案例　陕西工业职业技术学院职业教育"走出去"

陕西工业职业技术学开展职业教育"走出去"项目试点院校，项目启动以来，积极参与筹备在赞比亚建设一所职业技术学院，先后派出 2 名院领导赴赞开展职业教育"走出去"调研，派出 5 名专业教师赴赞为中国有色矿业集团等中资企业 200 余名员工开展技术技能培训。同时，牵头开发培训教材和其他教学资源，制定了一套可输出的教学标准；在校内培养、储备了一支赴赞比亚开展教学培训任务的师资队伍；筹备招收驻赞中资企业赞方员工子女来华学习，为在赞比亚建成的职业技术学院培养赞方员工和教师；围绕"走出去"赞比亚项目组建研究团队，开展课题研究。

案例　陕西铁路工程职业技术学院赴肯尼亚蒙内铁路进行员工技术培训

陕西铁路工程职业技术学院派出四批 34 人次教师组成专家团队，赴肯尼亚蒙内铁路进行员工技术培训，承担了工务、通信、信号及供电四个专业的培训任务，培训员工 2.9 万人·日，拓宽了职业教育国际化的新渠道，提升了学院国际影响力。如图 1-5-1 所示。

图 1-5-1　陕西铁路职院肯尼亚培训项目

（三）国际技能大赛获奖。

2017 年，陕西工业职业技术学院、西安航空职业技术学院、陕西交通职业技术学院 3 所职业院校参加 6 项国际技能大赛，共获一、二、三等奖 16 项，如图 1-5-2~图 1-5-4 所示。

图 1-5-2　学生赴俄罗斯参加
国际服装设计大赛

图 1-5-3　师生赴中国台湾地区参加
表彰化国际青少年发明大赛

图 1 - 5 - 4　在美国参加第八届蓝桥杯大赛（国际赛）

六、政策保障

（一）政府统筹

教育部出台的《高等职业教育创新发展行动计划（2015—2018 年)》，计划三年总投资 7.08 亿元，全面推进我省高职优质资源建设，增强办学活力，加强技术技能积累，完善质量保障机制，提升思想政治教育质量，为职业教育的发展指明了方向、提供了依据。陕西省委、省政府高度重视职业教育，根据国家"双一流"建设方案提出了"四个一流"实施计划，提出在我省建成 3 所、培育 5 所国内一流高职院校。省教育厅相继出台《陕西省教育事业发展"追赶超越"工作方案》《关于建设"一流大学、一流学科，一流学院、一流专业"的实施方案》《关于加强校企合作促进科技成果转化助力追赶超越的指导意见（试行）》等 10 余项政策文件，对高等教育工作提出指导性意见并作出具体部署，大力支持高等职业教育的改革与发展。

在"三年行动计划"实施情况的检查和督促方面，陕西省教育厅委托陕西省职业技术教育学会聘请全国知名专家，对我省承接的教育部《高等职业教育创新发展行动计划（2015—2018 年)》任务（项目）进行了评审、备案，对我省承担任务（项目）的高职院校进行了中期检查，督导其按时间节点和计划完成建设任务，开展后续建设，保证计划顺利实施。

（二）质量保证

2017 年 6 月，教育部职成司发布的《关于全面推进职业院校教学工作诊断与改进制度建设的通知》（教职成司函〔2017〕56 号），推动高职教育创新发展；推动高职教育"管办评"分离，加强事中、事后质量监管；推动高职院校切实履行教育教学质量保证主体责任，持续提升技术技能人才培养质量。全省各高职院校按照教育部统一部署，全面开展教学诊改制度建设。

通过全省质量保证体系建设和全面推进诊改，我省高职院校建立和完善了学院内部质量保证体系。陕西工业职业技术学院作为教育部诊改试点院校及全国首轮教学工作诊改现场调研院校之一，诊改试点工作获得教育部专家组高度评价，诊改方案已公布在全国诊改网站供全国高职院校借鉴；陕西铁路工程职业技术学院参加了全国试点院校内部质量保证体系建设培训会，先后组织 80 多人次赴省外参加体系建设诊改会议，邀请院外专家进行诊改专题报告会，汇编并印发系列诊改学习材料，组织开展院内诊改系列专题研讨会；陕西交通职业技术学院自从承担内部质量保证体系诊断与改进试点工作以来，构建了内部质量保证体系，建立常态化人才培养质量自主保证机制，大力提升学校信息化管理水平，树立现代质量文化，实现全员、全过程、全方位育人，持续提高人才培养质量。

（三）院校治理

在实现院校治理能力方面，陕西省教育厅以持续推进"职业院校管理水平提升行动计划（2015—2018 年）"为主要工作抓手，全面贯彻落实《教育部关于深入推进教育管办评分离促进政府职能转变的若干意见》《教育部全面推进依法治校实施纲要》《高等学校章程制定暂行办法》等文件精神，加大对高职院校加快推进内部治理体系与治理能力现代化试点单位的支持，在政策、资金、项目等方面予以倾斜，及时帮助解决改革中遇到的困难和问题，为试点单位推进改单创造有利条件，不断提高我省高职院校管理工作规范化、科学化、精细化水平，提升职业院校依法治校意识，完善管理制度，加快实现学校治理能力的现代化。

为强化过程管理，省教育厅建立行动计划实施进展情况通报和重大问题限期整改报告制度，视情况组织专项督查，同时将高职院校管理水平和质量作为职业教育省级以上项目评审和资金分配的重要参考因素。全省职业院校认真贯彻落实"一章八制"各项任务，制定并完善了大学章程和高校党委领导下的校长负责制、教职工代表大会、学术委员会、理事会、教师申诉等相关制度，确立了党委对学院工作的全面领导，确保院长在职权范围内独立负责行政工作、学术委员会协助教学科研工作、教代会民主监督全院管理工作、职业教育集团指导校企合作育人工作，形成既分工明确，又相互合作的体制格局和制度框架，以法治的思维和要求，进一步建立、完善现代大学制度，推进高校治理体系和治理能力的现代化。

案例 1 陕西铁路工程职业技术学院坚持和完善党委领导下的校长负责制，强化党委的领导核心作用，支持院长依法独立负责地行使职权，发挥好把方向、抓大事、谋全局的作用，抓好党委领导班子自身建设，提高领导班子的决策水平。

案例 2 陕西工业职业技术学院出台《"健全学校自主发展、自我约束运行机制"管办评分离试点项目实施方案》，成立由院长担任组长的管、办、评分离试点项目工作领导小组，对试点项目负总责。建立试点工作落实问责机制，对于试点工作不力的部门，将追究主要负责人责任，院级领导应及时掌握工作的进度、质量和效果，以加快推进工作进程和落实到位，确保试点取得明显成效。

案例3 西安铁路职业技术学院始终把提升治理能力作为引领和推动改革发展的重要引擎，通过完善《学院学术委员会章程》《学院教职工申诉规定》《学院学生申诉管理规定》和《二级学院党政联席会议制度》等制度，不断坚持依法治校，加强班子建设，深化内部诊改，优化内涵管理，强化队伍建设，不断完善学院规章、制度建设，着力提升治理能力和现代管理水平。

（四）经费保障

为贯彻落实《国务院关于加快发展现代职业教育的决定》（国发〔2014〕19号）、《财政部教育部关于建立完善以改革和绩效为导向的生均拨款制度加快发展现代高等职业教育的意见》（财教〔2014〕352号），我省建立并完善了高职院校生均拨款制度，覆盖全部所属公办高职院校，年生均财政拨款水平应当不低于12 000元。2017年，陕西省高职院校生均财政拨款达到21 185.97元，经费支出总额达939 963.10万元。

七、挑战与展望

（一）问题导向

1. 发展环境及产教融合有待进一步优化

全省高职院校的整体发展水平还不均衡，一些高职院校办学定位及特色不鲜明，由第三方机构发布专业设置预警信息的机制还未建立，部分院校的专业布局还不能紧密对接区域社会经济的发展要求，人才培养质量还不能适应地区经济发展的新要求。高职院校要进一步优化专业结构，大力推进特色专业建设，加强与行业企业间的融合交流，关注产业新动态、新技术、新要求，加强横向课题研究，参与、服务企业技术革新与攻坚，扩大学院办学知名度。

2. 教学改革及师资培养力度待进一步加强

随着高职生源结构的变化，信息时代下的新型大学生对信息化资源和信息化教学手段的使用具有较高的认可度，传统教学内容、教学模式与教学方法已经不适应信息时代的要求。创新型社会不仅对学生的创新能力提出了较高要求，更对教师在专业领域的业务能力提出了严格要求。此外，产业升级对课程设置、教学内容提出了新要求，对教学改革力度、教学改革方法、教学改革内容、教学改革手段提出了新挑战，即人才培养从教育理念、师资队伍建设、教学方式、竞争方式等方面受到前所未有的挑战。

3. 质量保证体系及诊断改进体系有待完善

推进内部质量保证体系诊断与改进工作是当前高职院校面临的重要问题。高职院校必须适应教育管、办、评分离的要求，切实履行质量主体责任，自我确立目标和标杆，明确目标和标准，建立常态化的自我诊断与改进机制，完善教学质量内控机制，建立毕业生质量持续跟踪服务机制，借助外部评价和专业认证在质量保证中的作用，提高人才培养质量。

（二）创新发展

1. 深化国际合作交流，提升国际影响力

经济全球化和"一带一路"国家战略的实施，进一步推动了高职院校的国际化进程；国际化办学发展扩宽了职业教育的办学渠道，是我国高职院校自我发展的客观要求。国际化对职业教育提出挑战的同时也带来了机遇，并对高职院校的办学提出了更高的要求。我省部分院校在院校互访、师生国际交流、参加国际技能大赛、职业教育"走出去"等方面取得了一定成效，但与职业教育国际化发展的需要还有一定距离，下一步要在招收国外留学生上取得突破，继续加大与"走出去"企业合作，以企业人员技术培训、海外人才培养为切入点，积极参与国（境）外教育服务市场竞争，设立国（境）外培训点，选派师生赴"走出去"企业开展技术服务；发挥高职院校在人才培养、技术培训等方面的优势资源，选择类型相同、专业相近的国（境）外高水平院校开展联合办学，逐步建立教师交流、学生交换等合作；重点建设一批高水平高职院校和一批高水平骨干专业，着力打造一批全国一流、国际有影响的卓越高职院校。

2. 加大信息化建设力度，提升办学现代化水平

（1）加快数字化校园建设步伐，以云计算、大数据技术和无线网络等为依托，促进信息技术与教育教学深度融合，实现信息管理智能化，打造以学习者为中心，拥有高效校园管理、智能教学过程的创新型智慧校园。

（2）建成服务门户平台、教务和教学等综合管理应用系统；促进数据标准化建设，实现数据融合、共享；出台并健全数据资源、网络安全技术及管理制度，提高网络使用效率、服务质量和安全水平。

（3）加大多媒体、网络教学终端等现代教育教学技术建设和应用力度。

（4）推动基于互联网、云资源技术的科研协作、继续教育和培训平台建设；利用网络媒体拓宽信息公开的途径和范围；加大数字图书馆、档案数字化建设力度；全面推进人事、财务、后勤、资产、学生、保卫等部门信息化应用平台建设，整合、提升管理效率和信息化水平。

（5）加大信息化教学质量标准建设及教学资源开发，建设一批院内精品在线开放课程资源库；启动网络在线教学平台建设，逐步建成课程网站、个人空间和学习平台；做好教师混合教学能力培训，提升教师信息化教学能力，推动教学模式和学习方式的变革，引导

教师利用信息技术创新教学模式，通过翻转课堂、混合式教学等多种方式用好优质信息化教学资源；加强信息化教学平台的运行监管。

3. 加强科研创新水平，提升社会服务能力

我省高职院校整体的科研创新与社会服务能力都还有较大的提升空间，为企业服务的综合能力还略显不足，高质量的科研成果不多，科技开发、应用技术类研究项目比例偏低，应用技术成果转化程度较低。我省将进一步推动高职院校名师、教授、博士为主体的高水平科研创新团队建设，加强同类专业高职院校与本科院校的对接，利用本科院校科研团队带动高职院校科研水平；加强学校与企业的联系，在校企合作、人才培养、教师实践能力提升、社会服务等方面进一步发挥作用；发挥好职教集团的平台作用，充分利用"政府—科研院所—学校—企业"共建的科技平台，积极面向陕西省各类企业开展技术服务，加强与相关行业企业的密切联系，促进研究成果的推广与应用。

八、附表

附表 1　计分卡

序号	指标	单位	2016 年	2017 年
1	就业率	%	85.3	89.11
2	月收入	元	2 796	2 863
3	理工农医类专业相关度	%	85	86
4	母校满意度	%	89	90
5	自主创业比例	%	3	1.92
6	雇主满意度	%	91	93.56
7	毕业三年职位晋升比例	%	32.29	38.96

附表 2　资源表

序号	指标	单位	2016 年	2017 年
1	生师比	/	16.08	16.04
2	双师素质专任教师比例	%	49	47.38
3	生均教学科研仪器设备值	元/生	9 590.51	13 027.17
4	生均教学及辅助、行政办公用房面积	平方米/生	18.25	20.71
5	生均校内实践教学工位数	个/生	0.74	0.49
6	校园网主干最大带宽	Mb/s	1 000	1 500
7	教学计划内课程总数	门	20 898	23 878
	其中：线上开设课程数	门	500	1 447

附表 3　国际影响表

序号	指标	单位	2016 年	2017 年	备注
1	全日制国（境）外留学生人数（一年以上）	人	8	8	/
2	非全日制国（境）外人员培训量	人·日	1542	35 998	/
3	在校生服务"走出去"企业国（境）外实习时间	人·日	781	8 651	/
4	专任教师赴国（境）外指导和开展培训时间	人·日	904	4 070	/
5	在国（境）外组织担任职务的专任教师人数	人	15	20	杨华在俄罗斯太平洋国际时装周组委会担任评委；袁丰华在俄罗斯太平洋国际时装周组委会担任评委；钟敏维在俄罗斯太平洋国际时装周组委会担任评委；胡蓉在波兰服装设计师大赛组委会担任评委；何静兰在秦枫国际学院担任外文教师职务；秦伟在秦枫国际学院担任外文教师职务；王陶在高兰 Elsevier 担任审稿人；李运通在美国数学学会"数学评论"担任评论员；冯居泰在第三届世界中医药学学会会长；王景洪、杨国峰、王建军在第三届世界中医药学联合会美容专业委员会担任副会长；王景洪、杨国峰、王建军在第三届世界中医药学联合会美容专业委员会担任常务理事；杨妮、孙艳丽在第三届世界中医药学联合会美容专业委员会担任理事；安字武在俄罗斯"伏尔加河流域交通学报"担任编辑职务；魏文泽在东区第五届世界技能大赛"教师技能大赛"决赛中担任评委；朱智在东区第五届世界技能大赛远东区第五届世界技能大赛"移动打器人"项目中担任评委；任军战在美国迈阿密达德阿密孔子学院担任授助教师；薛莲在美国加州长滩州立大学担任客座教授

续表

序号	指标	单位	2016 年	2017 年	备注
6	开发国（境）外认可的专业教学标准和课程标准数	个	1	50	有色行业职业教育"走出去"教学标准被有色金属行业职业教育"走出去"试点院校认可；SCAVE 人才培养方案被中国、德国认可；铁路工务、信号和供电 4 个专业的教学标准被育尼亚 RTI 铁路培训学院认可；《世界中医药美容高等职业教育标准》项目被国家卫计委、国家中医药管理局、世界中医药学会联合会美容专业委员会认证通过予以发布；铁道车辆、铁道供电、铁道机车、铁道交通运营管理、铁道工程技术专业教学标准和课程标准被俄罗斯圣彼得堡国立交通大学认可
7	国（境）外技能大赛获奖数量	项	7	27	王媚在俄罗斯"皮克马里翁杯"国际青年设计师服装设计大赛，获优秀奖；李冠博在俄罗斯"皮克马里翁杯"国际青年设计师服装设计大赛，获特别奖；原智诚在 2017 年第 2 届中国香港地区 HK-IE 国际发明创新创业展，获银牌奖；王阿东在 2017 年中国香港地区彰化美甲造型美容美睫美甲造型比赛，获特优奖；王赵香在中国台湾地区彰化美甲美睫大赛，获特优奖；刘真在中国台湾地区国际时尚造型设计大赛，获铜牌；赵苏涛在海峡两岸职工创新成果展，获金奖；杨金城在海峡两岸职工创新成果展，获金奖；李鑫义在第 44 届世界职业技能大赛（花艺）中国选区艺术插花比赛，获第 16 名；张普等在 2016 年美国大学生数学建模竞赛（MCM），获一等奖；雷朝等在 2016 年美国大学生数学建模竞赛（MCM），获二等奖；胡朋王等在 2017 年美国大学生数学建模竞赛（MCM），获二等奖；温瑞鹏等在 2016 年美国大学生数学建模竞赛（MCM），获二等奖；郑达等在 2017 年美国大学生数学建模竞赛，获二等奖；成琢琛等在 2017 年美国大学生数学建模竞赛，获二等奖；常永昕在 IIW·CWS·Arc Cup 2017 国际焊接大赛，获非熔化极气体保护焊赛项一等奖；杜建兴在熔化极气体保护焊大赛，获三等奖；沈浩田在 IIW·CWS·Arc Cup 2017 国际焊接大赛，获焊条电弧焊赛项二等奖；郭保护焊赛，获二等奖；西安航空职业技术学院在 IIW·CWS·Arc Cup 2017 国际焊接大赛，获团体优胜奖；付麒森等在金的国家技能发展与技术创新大赛，分别获得一等奖、三等奖；郭旭刚等在美国数学论坛中医美容学术论坛及其应用大赛，获得一等奖；雷白龙等在美国数学建模竞赛及其应用美国大学生数学建模竞赛，获得三等奖；马敬等在 2016 年西安国际中医美容学术论坛中医美容养生知识竞赛，获得一等奖；白明明在俄罗斯远东区第五届世界技能大赛中，获"移动机器人"项目金牌；王娟娟在第十八届 FHC 中国国际烹饪艺术比赛，获一等奖；张涛等在俄罗斯远东区第五届世界技能大赛中，获一等奖

附表 4　服务贡献表

序号	指标	单位	2016 年	2017 年
1	全日制在校生人数	人	262 264	303 418
	毕业生人数	人	102 491	86 608
	其中：就业人数	人	94 624	77 177
	毕业生就业去向	／	／	／
	A 类：留在当地就业人数	人	64 552	82 138
	B 类：到中小微企业等基层服务人数	人	63 577	43 886
	C 类：到 500 强企业就业人数	人	19 331	33 278
2	横向技术服务到款额	万元	2 683.10	8 384.81
3	纵向科研经费到款额	万元	1 793.10	1 021.91
4	技术交易到款额	万元	2 693.74	5 289.07
5	非学历培训到款额	万元	11 497	16 832
6	公益性培训服务	人·日	626 021	946 081

附表 5　落实政策表

序号	指标	单位	2016 年	2017 年
1	年生均财政拨款水平	元	9 305	9 475.57
	其中：年生均财政专项经费	元	4 616	4 113.82
2	教职员工额定编制数	人	18 918	16 791
	在岗教职员工总数	人	20 573	21 315
	其中：专任教师总数	人	13 111	13 213
3	企业提供的校内实践教学设备值	万元	／	5 488.80
4	生均企业实习经费补贴	元	／	297.98
	其中：生均财政专项补贴	元	16.90	18
5	生均企业实习责任保险补贴	元	／	38
	其中：生均财政专项补贴	元	3.50	5
6	企业兼职教师年课时总量	课时	／	742 964
	年支付企业兼职教师课酬	元	／	1 238 295.82
	其中：财政专项补贴	元	648	101 891.08

陕西高等职业教育质量年度报告
（2019 年）

2018 年，陕西高等职业教育在省委、省政府的领导下，深入贯彻落实十九大精神、全国教育大会精神，推进实施《高等职业教育创新发展行动计划（2015—2018）》、陕西省《关于建设"一流大学、一流学科，一流学院、一流专业"的实施意见》，以培养适应社会需求的高素质技术技能人才为主线，加强产教融合、校企合作，不断深化教育教学改革，人才培养质量和服务经济社会发展能力得到显著提升。其主要工作成效如下：

（1）3 月召开全省高校教学工作会议，1 月和 11 月召开省职教学会学术年会，系统规划陕西高等职业教育创新发展。

（2）4 月公布"一流学院"建设名单，8 所高职院校入选。陕西高职"一流学院、一流专业"进入实质建设阶段。

（3）统筹推进《高等职业教育创新发展行动计划（2015—2018 年)》，省级财政 3 年累计投入资金 7.08 亿元，工作案例入选教育部教育奋进之笔"1 + 1"系列活动第九场新闻发布会案例集。

（4）教育部职成司、全国诊改专委会将陕西作为全国首个省份开展国家试点院校复核，省教育厅组织专家完成省级试点院校复核。

（5）14 项成果在 2018 年国家级教学成果奖高职系列评审中获奖，数量位居全国第 5 位，实现核心竞争指标历史性突破。

（6）全省高职院校在技能大赛国赛中获奖 109 项，数量位居全国第 9 位，其中行业特色赛位居全国第 3，大赛成绩连续 4 年得到较大提升。

（7）以"互联网 +"创新创业大赛为依托，将创新创业教育融入技术技能人才培养全过程；"青年红色筑梦之旅"从陕西走向全国。

（8）4 个项目入选教育部职业教育专业教学资源库备选项目；2 门课程入选国家精品在线开放课程；5 所院校 7 次入选全国 50 强，其中入选实习管理 50 强高职院校数量位居全国第 1 位。

（9）4 所院校入选教育部第三批现代学徒制试点，第一批 2 所试点院校通过验收，以学徒制试点为突破口持续推进产教融合、校企合作。

（10）创新开展"特色产业扶贫培训"，累计培训学员 47 000 余人次；苏陕职教帮扶协作共建专业 33 个，帮扶成效初现。

为进一步提升专业服务产业发展能力，深化内涵建设，提高高职教育教学质量，为区域经济社会发展提供高素质技能人才，按照教育部统一要求，现以陕西高职院校人才培养工作状态数据信息采集平台数据为依据，进行统计分析，并结合陕西高职教育实际情况，围绕"追赶超越"和"质量提升"两大主题，从基本情况、学生发展、教学改革、服务贡献、国际影响、政策保障、挑战与展望七个方面，对陕西高职教育总体情况和院校特色进行总结，形成陕西省高等职业教育质量年度报告（2019）。

一、基本情况

2018 年陕西高职院校各类全日制在校生 30 万人，较 2017 年 30.34 万人小幅下降，居全国第 11 位；校均 810.73 人，居全国第 4 位；专任教师 13 631 人，校均 368.41 人；全日制招生 11.79 万人，毕业 10.63 万人，较 2017 年略有增加。

（一）院校分布

陕西 38 所高职院校①分布覆盖全省 10 个地市，其中省会城市西安市较为集中，有 21 所，占 55.26%；其他各地市分别为咸阳市 6 所，宝鸡市、汉中市、渭南市各 2 所，安康市、商洛市、铜川市、延安市、榆林市各 1 所，如图 2-1-1 所示。

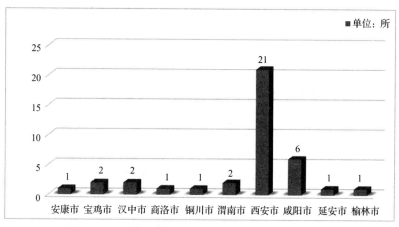

图 2-1-1　陕西高职院校分布图（按所在地市分布）

（二）院校类型基本情况

按办学性质分类：公办院校 29 所，占 76.32%；民办院校 9 所，占 23.68%（见图 2-1-2）。

按办学主体分类：省属院校 12 所，占 31.58%；行业和政府其他部门办学各 3 所，分别占 7.89%；市属院校 11 所，占 28.95%；社会资本举办的民办院校 9 所，占 23.69%（见图 2-1-3）。

按示范性分类：国家示范院校 3 所，国家骨干院校 3 所，各占 7.89%；省级示范院校 12 所（含未验收 4 所院校），占 31.58%。

按院校类型分类：综合院校 13 所，占 34.21%；理工院校 15 所，占 39.48%；财经院校 6 所，占 15.79%；农业院校、医药院校、政法院校、艺术院校各 1 所，分别占 2.63%。

按照《关于做好高等职业教育创新发展行动计划（2015—2018 年）任务（项目）申报工作的通知》（陕教高办〔2016〕41 号），省教育厅遴选确定了 12 所高职院校为"国家优质专科高等职业院校"立项建设院校，如图 2-1-4 所示。

---

① 不含 2018 年新设置的神木职业技术学院。

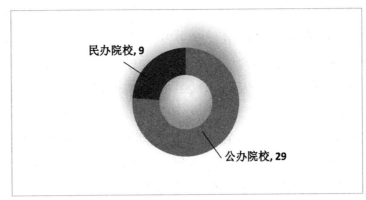

图 2-1-2 陕西高职院校分布图（按办学性质分类）

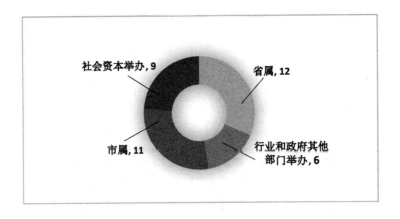

图 2-1-3 陕西高职院校分布图（按办学主体分类）

排序	学校
XM-3优质专科高等职业院校建设项目	
1	陕西工业职业技术学院
2	杨凌职业技术学院
3	西安航空职业技术学院
4	陕西铁路工程职业技术学院
5	陕西国防工业职业技术学院
6	陕西职业技术学院
7	西安铁路职业技术学院
8	咸阳职业技术学院
9	延安职业技术学院
10	陕西交通职业技术学院
11	陕西能源职业技术学院
12	渭南职业技术学院

图 2-1-4 陕西国家优质专科高等职业院校立项建设院校

（三）在校生规模

2018 年，陕西高职院校全日制在校生 30 万人，其中，高中起点在校生 26.47 万人，较 2017 年 25.97 万人增加 0.5 万人，增幅 2%；中职起点在校生 3.52 万人，较 2017 年

4.35 万人减少 0.83 万人，降低 2%；全日制成人高职在校生 0.51 万人，较 2017 年 0.16 万人增加 0.35 万人，增幅较大。

（四）办学资源

2018 年，陕西高职院校基本办学资源和检测办学资源指标均达到国家合格标准，见表 2 - 1 - 1。

表 2 - 1 - 1　陕西高职院校办学基本条件一览表

序号	指标名称	单位	2018 年数据	2017 年数据	合格指标
1	生师比	／	15.25	16.08	18
2	具有研究生学位教师占专任教师的比例	%	49.52	49.08	15
3	生均教学行政用房	平方米/生	20.78	17.34	16
4	生均教学科研仪器设备值	元/生	12 912.84	9 122.97	4 000
5	生均图书	册/生	83.17	71.65	60
6	具有高级职务教师占专任教师的比例	%	29.62	28.05	20
7	生均占地面积	平方米/生	71.45	63.80	59
8	生均宿舍面积	平方米/生	10.10	7.71	6.5
9	百名学生配教学用计算机数	台	25.44	17.28	10
10	新增科研仪器设备所占比例	%	16.46	11.11	10
11	生均年进书量	册	3.67	3.03	2

二、学生发展

（一）招生情况

2018 年陕西高职院校计划招生 11.79 万人，实际录取 8.98 万人，录取率 76.17%，相较 2017 年（84.29%）下降 8.12%；实际报到 7.60 万人，实际报到率 84.64%，较 2017 年（87.04%）下降 2.4%。

2018 年陕西高职院校继续推动考试招生制度改革，实行普通高考招生和基于高考的"文化素质 + 职业技能"评价方式两种分类招生制度。分类考试招生工作已成为推进陕西招生制度改革的重点和亮点。

（二）职业素养

2018 年，陕西高职院校坚持文化育人于无形、立德树人于点滴，弘扬工匠精神，充分发挥技能大赛引领作用，全方位提升育人水平，提升学生综合职业素养。

1. 技能大赛

2018 年，陕西省教育厅深入推动高职院校技能大赛办赛机制改革，开发竞赛系统，成立专家库，选派仲裁监督赴赛点指导，夯实国赛赛前集训工作，将信息化教学大赛纳入技能大赛范畴，取消参赛教师专业大类限制，参赛人数达到 2017 年的 3.4 倍，大赛组织更加公平、公正、阳光。杨凌职业技术学院、陕西工业职业技术学院、西安航空职业技术学院 3 所高职院校承办国赛 3 项；全省高职院校在全国职业院校技能大赛中获奖 109 项，其中一等奖 11 项、二等奖 40 项、三等奖 58 项，数量位居全国第 9 位，其中行业特色赛位居全国第 3 位，大赛成绩连续 4 年快速提升；陕西工业职业技术学院获奖数量位列全国第 2 位、中西部省区第 1 位。如图 2 - 2 - 1 和图 2 - 2 - 2 所示。

图 2 - 2 - 1　陕西工业职业技术学院承办"光伏电子工程设计与实施"国赛

图 2 - 2 - 2　西安铁路工程职业技术学院实现工程测量国赛四连冠

2. 文化育人

以文化校园建设为载体，充分发挥文化育人功能。通过统筹校园文化设施建设、创新校园文化活动载体、培育优秀校园文化成果、持续强化精神文明建设，探索校园文化建设长效机制，打造校园文化核心竞争力。全面贯彻全国教育大会精神，落实立德树人根本任务，发展素质教育，培养德、智、体、美全面发展的毕业生。由教育部关工委、中华全国总工会宣教部和陕西省教育系统关工委联合主办的"大国工匠进校园"活动在陕西财经职业技术学院进行，活动以"弘扬工匠精神，提升职业素养"为主题，邀请不同行业的技能大师走进校园，展示工匠精神，引导学生提升综合素养，成为工匠精神的传承者和弘扬者，如图 2 - 2 - 3 和图 2 - 2 - 4 所示。

图 2 - 2 - 3 "大国工匠进校园"活动进驻陕西财经职业技术学院

图 2 - 2 - 4 陕西高校大学毕业生建功立业先进事迹报告

案例 1 陕西工业职业技术学院学生作品《情系梁家河》喜获全国大学生艺术展演一等奖

2018 年 4 月 16 至 20 日，在以"理想与信念"为主题的全国第五届大学生艺术展演中，陕工职院《情系梁家河》创作演出团队与来自全国 400 多所高校的 8 000 多名师生齐聚申城，喜获全国第五届大学生艺术展朗诵甲组一等奖。该团队由来自工商管理、会计、汽车定损与评估等专业的四名同学组成。在长达 17 个月的作品准备和排练过程中，同学们在指导教师的带领下精心准备、刻苦排练，从《习近平的七年知青岁月》中汲取营养，并赴梁家河村采风，为乡亲们现场表演、打磨作品，最终凭借良好的精神风貌、精湛的朗诵技艺和慷慨激昂的演绎取得佳绩。全国大学生艺术展演活动由教育部主办，每三年举行一届，是我国目前规格最高、规模最大、影响最广的大学生艺术盛会。

案例2　西安航空职业技术学院青春筑梦团"三下乡"社会实践活动中获佳绩

2018年暑期，西安航空职业技术学院派出了42支三下乡团队，奔赴宝鸡、柞水、潼关等地，开展社会实践。由航空制造工程14学院的13名师生组成的"青春筑梦团"作为团队之一来到了宝鸡市岐山县益店镇，紧紧围绕青春梦、中国梦，从"筑精准扶贫梦、筑校地共融梦、筑航空报国梦、筑童心向上梦"四方面筑梦益店镇。在益店镇的四年里，志愿者团队赢得了当地村民的尊重与信任，赢得了孩子们的喜爱。2018年的三下乡活动，也相继被华商网、宝鸡团市委官方微信、三秦青年、陕西志愿者、岐山共青团、城市网、扶风百姓网等多家媒体报道，取得了良好的社会效应。"青春筑梦团"获评2018年全国大中专暑期社会实践活动优秀团队，为陕西省唯一获奖的高职院校团队。如图2-2-5所示。

图2-2-5　2018年暑期"三下乡"社会实践团队"青春筑梦团"启动

案例3　陕西机电职业技术学院王海楠当选中国共产主义青年团第十八次全国代表大会代表

陕西机电职业技术学院始终坚持以党的十九大精神为指导，认真落实习近平新时代中国特色社会主义思想进校园、进课堂、进大学生头脑，大力实施"三全育人"机制，真正做到以爱为本、立德树人、砥砺前行。

16级机电技术班王海楠同学多次荣获"优秀团员""优秀团干部""优秀宣传员""宝鸡市优秀共青团员"等荣誉称号；2017年10月代表学院参加陕西省第十次学生联合会；2018年4月代表学院参加陕西省技能大赛"自动化生产线安装与调试"项目并获一等奖的好成绩。2018年6月经过层层遴选，王海楠同学当选中国共产主义青年团第十八次全国代表大会代表。团代会上他认真聆听党中央领导致词和大会工作报告，深刻感受到了党中央对广大青年人的殷切关怀。回到学校后，他以身作则积极宣传贯彻此次会议的精神，以会议精神提神、醒脑，激发干事的动力，练就干事的能力。如图2-2-6所示。

图 2 - 2 - 6　王海楠当选中国共产主义青年团第十八次全国代表大会代表

（三）就业质量

截至 2018 年 9 月 1 日，陕西高职院校应届毕业生 10.63 万人，就业率 88%，应届毕业生平均月收入 3 548 元，毕业生对母校满意度 92%，雇主平均满意度 94.89%。与 2017 年就业指标（见表 2 - 1）相比，毕业生收入、对母校满意度、雇主平均满意度逐年提高，毕业生就业岗位与专业相关度逐年契合，例如：西安铁路职业技术学院毕业生的专业相关度 2016 年为 88%、2017 年为 90.31%、2018 年为 86%，均高于全国高职院校 62% 的平均值；部分专业如高速动车组检修技术、机电一体化技术、铁道机车车辆、城市轨道交通工程技术、铁道车辆等专业相关度均超过 95%。

（四）职业发展

根据对 2017 学年毕业生的跟踪调查发现，毕业生有着良好的职业发展，毕业一年后平均升迁率为 6.41%，平均转岗率为 11.85%。用人单位对毕业生"满意或基本满意"平均占比为 88%，总体满意度高。对毕业三年的毕业生跟踪调查显示，2018 年毕业三年毕业生的平均职位晋升比例为 62.01%。

案例 4　陕西铁路工程职业技术学院就业质量获评 A +

2018 年 6 月 26 日，西安交通大学中国西部高等教育评估中心首次发布《陕西高校及专业毕业生就业质量指数评价报告》，学院获评陕西 58 所高职院校唯一 A +，如图 2 - 2 - 7 所示。报告从毕业生就业率、离职率、收入水平、专业匹配度、就业满意度 5 个指标，构建了陕西高校及专业毕业生就业质量指数评价体系。学院就业质量评价指数达到 102.92，其中就业率及平均月收入指标均为第一。在分专业评价中，获得 A - 等级以上的 13 个专业中，学院开办的专业就有 12 个。

图 2-2-7　陕西铁路工程职业技术学院就业质量获评陕西高职 A +

（五）创新创业

2018 年陕西省全面贯彻落实《国务院办公厅关于深化高等学校创新创业教育改革的实施意见》，重视和加强创新创业教育，系统指导高职院校创新创业课程教学与创业实践工作。各高职学院持续完善"互联网 +"创新创业竞赛工作机制，实施大学生创新创业工程，设立学生创新基金；全面实施学生创新创业训练计划，不断提升学生创新创业意识和创新创业能力，培育和孵化创新创业优秀项目。

三、教学改革

2018 年，陕西 7 所高职院校在第八届国家级教学成果奖遴选中获奖 14 项，其中一等奖 2 项、二等奖 12 项，省厅推荐获奖数量位居全国第 5 位，首次进入全国前列，实现了陕西高职教育核心指标的历史性突破。

（一）专业建设

2018 年，陕西高职院校主动服务"一带一路"协同发展、"中国制造 2025"等国家发展战略，围绕陕西经济结构调整，结合区域特色和行业企业需求等，以"一流专业"为核心，统筹专业建设，专业发展水平得到明显提升。

1. 专业布局

陕西 38 所高职院校 2018 年开设专业 315 种、专业布点 1 271 个，校均 33.22 种、

33.45 个，每专业在校生平均 246.54 人。

陕西高职院校开设专业覆盖全部高职教育 19 个专业大类，其中土建类、装备制造类、交通运输类、电子信息类、医药卫生类、财经商贸类专业数量较大，与陕西产业发展规划布局相适应。具体分布如图 2 - 3 - 1 所示。

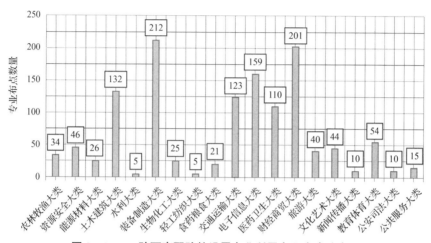

图 2 - 3 - 1　陕西高职院校设置专业所属专业大类分布图

陕西高职专业布局紧紧围绕"十二五"事业发展规划中重点发展产业需求调整专业结构，其中：面向现代农业的专业 39 个，占 3.07%；面向能源化工产业的专业 101 个，占 7.95%；面向装备制造、交通运输业的专业 335 个，占 26.36%；面向新兴产业的专业 159 个，占 12.51%；面向传统产业的专业 263 个，占 20.69%；面向服务业的专业 374 个，占 29.42%，如图 2 - 3 - 2 所示。

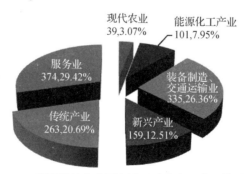

图 2 - 3 - 2　高职院校专业面向陕西重点发展产业的分布情况

2. 专业调整

根据国家教育规划纲要精神和陕西省"十三五"经济发展规划的产业发展布局需求，陕西省教育厅主动面向区域支柱产业、重点产业发展和经济社会紧缺人才需求，统筹陕西高等职业院校专业建设布局和发展规模，设置专业动态调整机制及省控专业目录和急需专业目录，有针对性地调整和设置专业，促使专业设置与产业发展有效衔接、专业规模与区域经济社会发展需求相适应，推动专业供给侧结构性改革。2018 年陕西高职新增专业 87 个，停招专业 180 个，撤销专业 40 个，如图 2-3-3 所示。

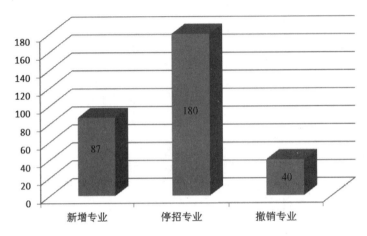

图 2-3-3　高职院校 2018 年专业调整情况

3. 骨干专业

陕西立项国家骨干专业 180 个、"一流专业" 200 个，建成省级高职教育重点专业 230 个、省级特色专业 53 个。

全省骨干专业 2018 年招生 41 385 人，在校生 130 607 人，毕业生 45 089 人，平均就业率由 2017 年的 93% 提高到 95.26%，合作企业 242 个，设立订单班由 2017 年的 217 个增加到 2018 年的 367 个，订单班学生 9 850 人，在陕西省高职院校技能大赛中获奖 1 747 人次、国赛中获奖 536 人次，培育 "双师型" 教师 3 428 人，承担社会培训 434 152 人·日，横向技术服务到款 1 205.92 万元，纵向科研经费到款 929.15 万元。

到 2018 年年底，生产性实训基地建设总面积 2 656 193.7m²，实训工位数 29 770 个；配备专职实训指导教师 1 398 人，企业兼职教师 1 278 人；开展相关专业职业鉴定 194 项、32 419 人次，为社会开展专业技术和专项技能培训 186 585 人·日；技术成果转化 80 项，是 2017 年的 3.2 倍；产品和服务收入 48 598 万元，是 2017 年的 5 倍。

（二）课程建设

以培养学生职业能力、职业道德及可持续发展能力为基本点，融入创新创业教育，构建以职业能力培养为本位的专业课程体系，建成国家级精品课程 28 门、省级精品课程 277 门。以信息化技术为推手，积极参与国家级专业教学资源库和精品在线开放课程建设，形成课程、教材、数字化等资源。2018 年我省立项省级资源库 9 个，入选国家级备选库 4 个，陕西工业职业技术学院主持的材料成型专业资源库通过国家验收；建设省级精品在线开放课程 60 门，涵盖各大专业门类，资源 32 951 条，资源容量 1 697 GB，教师用户 934

人，学生用户 98 225 人，社会用户 19 686 人，年度访问量达到 7 290 080 人次。杨凌职业技术学院、陕西工业职业技术学院入选全国教学资源 50 强。

图 2 – 3 – 4 所示为部分省级精品在线课程分布情况。

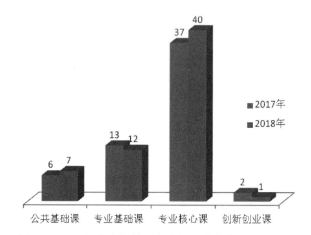

图 2 – 3 – 4　部分省级精品在线课程分布情况（附彩插）

（三）师资队伍建设

1. 强化教师队伍建设

陕西高职院校现有教职工 21 704 人，其中专任教师 13 631 人，占 63.18%；兼职教师 4 772 人，占 19.22%；校平均生师比例 15.25，教师队伍结构进一步优化。

高职院校围绕培养、引进、使用、发展四个环节，深入实施人才强校战略，逐步建立了以教师教学能力发展为主、专业实践能力和研究能力发展为两翼的师资队伍建设框架。专任教师中具有高级职称的有 4 038 人，占 29.62%；双师素质教师 6 690 人，占 36.69%；硕士研究生及以上学历教师占专任教师的 49.52%，如图 2 – 3 – 5 所示。

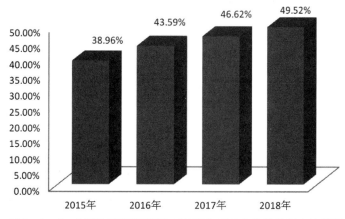

图 2 – 3 – 5　近四年高职院校硕士研究生及以上学历教师占比情况

2. 加强青年教师培养

注重教师技能提升，鼓励教师到国内外重点高校继续深造，出台学历技能提升相关政策支持，并在科研经费启动、学位奖励等方面给予优惠支持。2018年高职院校教师到41个国家、地区的106个机构以及国内87所高校开展合作交流项目，外派教师464人次。

实施以老带新的青年教师培养机制，2018年度新老教师结对1 518对；16所院校开展国培、省培项目19项，累计培训教师2 414人，较2017年增长15%；21所院校制定兼职教师聘任管理办法，聘任兼职教师4 037人，授课678 261课时，兼职教师培训天数达9 165人·日，兼职教师牵头或参与国家级科研项目5项、省部级项目61项、校级项目186项，兼职教师年度主持或参与获得国家级教学成果奖9项、省级教学成果奖14项、校级教学成果奖32项；自建教师培养培训基地9个，校企合作建设培养培训基地15个，开设培训167次，6 987人参与培训228 680学时，培训教师人数较2017年翻了一番。

3. 注重骨干教师技能提升

2018年共有2 414名骨干教师参加国家级、省级培训项目。骨干专业专任教师数量达到4 406人，其中"双师型"教师3 428人，占77.80%。与合作企业进行教师工程实践能力锻炼，有计划地参与企业技术攻关、科技推广、技术服务等工作，骨干教师的技术服务能力有了大幅的提升；对外社会培训434 152人·日，技术交易到款金额772.8万，横向技术服务到款金额1 205.92万元，纵向科研经费到款金额929.15万元。

4. 发挥名师引领作用

6所院校建立6个技能大师工作室，包括技能大师12人，总面积1 039.98平方米，总工位数186个，校内指导教师49人，2018度指导校内学生1 538人，承担教学任务2 414课时，开展研修培训及交流74次，承担省级科研课题4项，指导学生参加国家级、省级技能大赛获奖27人次，引领作用初见成效。

（四）信息化建设。

1. 基础设施日渐完善

陕西高职院校全部建立了基础校园网，平均网络带宽不断升级，高于全国平均比率。部分高职院校实现了校园内无线网络的全覆盖，过半的高职院校建立了校园一卡通，与全国平均水平相比保持领先地位。

以"打造数字化环境，构建数字化资源，提供数字化手段"为目标，陕西高职院校构建多媒体教室和标准化视频监控考场，有效解决了数据共享、资源共用、渠道共通问题。部分院校建成涵盖教学资源、管理资源及服务资源三层架构的资源平台和集多项应用功能为一体的信息服务平台。

鼓励和提倡教师使用智慧职教平台，通过在线预习、网络签到、实时交互、混合式教学及课堂分析等方式完成教学过程数据的实时采集分析，通过平台开展公选课程的网络教学管理，引入优质教学资源，实现学生学习过程的实时跟踪、分析、考试和考勤，教学效果得到明显提升。19 所高职院校将信息技术应用能力作为教师评聘考核的重要依据。

2. 信息化资源逐年增加

陕西高职院校 2016 年度参与、建设职业教育专业教学资源库 17 个；2017 年度增加 3 个，涵盖课程 119 门；到 2018 年度涵盖课程 178 门，教师用户 5 775 人、学生用户 130 831 人、企业用户 4 911 人、社会用户 9 996 人，总访问量 8 041 291 次，点击总次数 18 648 868 次，累计使用 450 404 小时，交流互动总次数 880 311 次，各级财政投入资金 4 806.6 万元。推荐高职院校 32 门课程参加国家级精品在线开放课程遴选，陕西工业职业技术学院 2 门课程入选国家级精品在线开放课程，实现陕西高职"零"的突破。如图 2 − 3 − 6 所示。

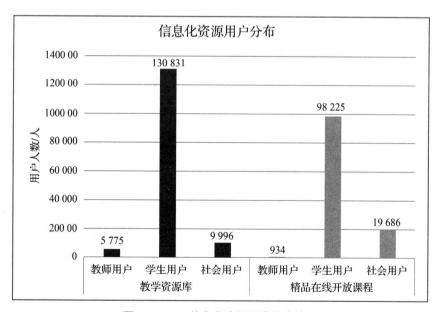

图 2 − 3 − 6　信息化资源用户分布情况

杨凌职业技术学院、陕西工业职业技术学院、西安航空职业技术学院、陕西铁路工程职业技术学院联合 6 家企业开发隧道与桥梁工程虚拟仿真实训中心、大机综合仿真实训中心、电气工程虚拟仿真实训中心、机械制造虚拟仿真实训教学中心共计软件 24 套，涵盖专业 15 个，开设实训项目 270 项，2018 年度开展实训总学时 9 000 学时左右。

案例 5　汉中职业技术学院获教育部"国防教育特色学校"称号

汉中职院高度重视大学生国防教育工作，成立国防教育工作领导小组和军训工作领导小组，全面领导部署学院国防教育，扎实开展新生军训工作，工作中有计划、有组织、有实施、有总结，严选军训承训单位，保障训练时间、内容、效果；学院把军事理论课纳入人才培养方案中，并积极组织军事骨干教师参加教育部及陕西省组织的研修，开展教学研究并主编《军事理论与技能训练教程》，保障军事理论课的师资、教材、学时。学院利用各种活动与国防教育实践基地联动，积极开展各类国防教育活动，国防教育的各项经费学院按需足额开支，使国防教育经费得到有力保障。2018 年 2 月，汉中职业技术学院获评教育部"国防教育特色学校"称号。

四、服务贡献

（一）产教融合

陕西高职院校结合行业前沿技术热点，深化校企合作，共享多方资源，拓展校企合作新途径，成立了一批校企协同育人创新创业实践基地、设备与工艺产品研发中心、创新创业实训基地和技术协同创新中心，瞄准职业教育及产业发展关键环节精准发力，创新机制、深化改革，全力深化产教融合，加快推进职业教育现代化建设。

案例 6　校企协同育人战略联盟大会成功举办

陕西工业职业技术学院在 2018 年 6 月召开了校企协同育人战略联盟大会，吸引了 400 多家国内外知名企业参加。会上，揭牌成立了校企协同育人创新创业实践基地、特种设备与工业清洗研发中心、混合所有制试点学院创新创业实训基地和自动化技术协同创新中心；63 家企业与学校签约，组建订单班 66 个；多家企业向学校捐赠了总值 2 800 多万元的实训设备。

陕西国防工业职业技术学院联合西安科技大学材料科学与工程学院、西安涂料涂装防护协会、西安北方惠安化学工业有限公司（845 厂）、中化近代环化工（西安）有限公司、西安瑞联新材料股份有限公司等高校及多家企业共同成立"化工应用技术协同创新中心"，搭建科研创新平台，拓展校企、校校合作的新途径，在体制创新、科研与社会服务、队伍建设、人才培养等多方位开展指导和合作，不断为陕西化学化工经济发展做出贡献。2018 年，中心成功组织西安涂料涂装行业新材料国际论坛并开展陕西省"炼化杯"职业技能大赛技术指导工作。如图 2-4-1 所示。

图 2-4-1 中国教育报聚焦"校企合作带'火'陕西工业职业技术学院"

（二）技术服务

2018 年，陕西高职院校以"追赶超越"为契机，紧密围绕区域经济社会发展，坚持以服务就业为导向，深化人才培养模式改革，继续加大与国内知名企业的合作力度，创新校企、校地合作新思路，为当地输送了大批技术技能人才，充分利用学校的人才和技术设备优势为企业提供技术服务、人员培训，精准服务行业企业和区域经济发展，社会服务能力不断提升。

案例 7 陕西交通职业技术学院技术服务企业提质增效

陕西交通职业技术学院产业部门专注技术咨询、工程监理、勘察设计、驾驶培训、物业管理等领域，选准服务模式、突出服务重点、提高服务质量。陕西顺通公路监理技术咨询有限责任公司、陕西路桥勘察设计所、陕西交院工程检测有限公司、西安通福物业公司等产业实体，全年创收 2673.7 万元。陕西顺通公路监理技术咨询有限责任公司 2018 年荣获陕西省第三届黄炎培职业教育产教融合优秀企业奖，彰显了陕西交通职业技术学院的综合社会服务能力。

陕西工业职业技术学院与西安理工大学签署校际科研合作框架协议，协同开展企业技术攻关，利用现代制造技术、材料工程技术、分布式能源及智能微电网系统和智能制造 4 个协同创新中心，以服务区域中小企业为目标，组建跨学科、跨专业博士团队，帮助企业进行技术难题攻关。

案例 8 陕西铁路工程职业技术学院与陕西工业职业技术学院两校社会服务再上台阶

陕西铁路工程职业技术学院深化建设了工程信息化新技术开发与应用、土木工程新材料研发、科技成果转移转化与人才培养等教科研为一体的创新平台 3 个，面向企业开展 BIM 技术应用、高速铁路轨道精调与沉降监测、工程试验与检测等科学研究与技术服务工作，承接项目 30 多项，合同额超过 1 000 万元；助力我国"青藏高原上的第一座转体桥"顺利转体，同时也是"青藏高原上的第一次桥梁转体"的施工工作。

陕西工业职业技术学院发挥专业优势，开展企业职工培训，先后为陕西省益秦集团公司等多个企业开展了服装技术与管理、数控车、加工中心、汽车发动机维护维修、钳工等多个工种的员工培训。中国航发西安动力控制科技有限公司培训 1 期，陕西北人印刷机械有限公司培训 2 期，陕西省益秦集团服装 4 期；米其林驰加公司培训 1 期；中国锅炉与锅炉处理协会行业取证培训 3 期；中核四〇四有限公司培训 2 期。合计培训企业职工 748 人，得到企业的好评和社会普遍赞誉，为企业带来了良好的经济效益。

（三）脱贫攻坚

1. 产业扶贫培训

陕西省教育厅以地方产业发展需求为导向，以提升农民技术技能为抓手，组织全省高校积极发挥人才智力优势，切实践行社会服务职能，大力开展特色产业扶贫免费培训，累计培训学员 47 000 余人次。其中，安康职业技术学院在安康地区面向农药经营人员、家政月嫂、茶艺师等开展培训，受益群众 2 360 人次。榆林职业技术学院联合企业开展扶贫培训，结业后直接推荐到企业就业，工作待遇在 4 000 元以上，实现了培训、就业、脱贫一条龙服务。

在汉中市略阳县等 11 个深度贫困县（区）建立省级农民培训基地 55 个，大力开展学历继续教育和非学历教育培训。其中，杨凌职业技术学院先后在富平等地建立了 10 个县（区）职业农民培育学院，率先实施农民学历教育，共招收 162 名农民大学生。

陕西省委教育工委、省教育厅批准杨凌职业技术学院、陕西工业职业技术学院分别成立"陕西乡村振兴人才培养基地"，依托学校专业和人才优势，大力开展新型职业农民学历提升、新时代职业农民培训、农业实用技术培训、科技下乡等活动，培养造就一支懂农业、爱农村、爱农民的"三农"工作队伍，构建新时代农业产业体系、生产体系、经营体系，满足乡村振兴人才需求，助力脱贫攻坚。

案例 9 宝鸡职业技术学院李炳生教授在太白县开展中药材种植技术培训

为深入贯彻党中央、国务院关于脱贫攻坚的决策部署，充分发挥地方高校核心科技力量服务区域经济发展的作用，2018 年 6 月 23 日，李炳生教授等一行 9 人在太白县桃川镇魁星楼村开展中药材种植技术培训，培训制定了以提高质量、科技扶资为核心的中药材种植产业扶贫方案，形成了"学校＋基地＋农户"的运作模式，即学院提供技术支持，村里出地，农户出力。李炳生从灯台七、黄芪、苍术、柴胡等中药材种植项目的市场前景、经济社会效益等方面做了讲解，以灯台七、苍术两种中药材为主，从药材生长习性、选地整地、育苗、移栽、病虫害防治、采收加工等方面为种植户进行技术培训指导，并耐心解答了大家提出的疑问。通过魁星楼村土地流转建成灯台七等中药材种植基地，推动了当地农业结构调整，增加了农民收入，促进了生态文明建设，为太白县中药材种植特色产业发展贡献了力量。

2. 苏陕职教帮扶协作

江苏、陕西两省教育厅站在讲政治、讲大局的高度签订《合作协议》和《实施方案》，江苏 11 所高职院校对口帮扶陕西 9 所高职院校，双方共建专业 33 个，由陕西工商职业学院牵头成立全国现代服务业职教集团西北分部。苏陕职教帮扶协作聚焦教学改革、特色发展、师资交流等重点工作，做好特色专业和实训基地建设，以教育协作带动提升脱贫攻坚"造血"功能，增强人民群众的获得感。

五、国际影响

（一）国际交流与合作

2018 年，陕西高职院校通过国际合作交流项目为中国留学生提供国际优质教育资源，同时在招收全日制学历教育留学生方面取得突破。杨凌职业技术学院国际学院招收录取 4 个国家共 18 名外国留学生；陕西工业职业技术学院招收孟加拉国、印尼 17 名留学生来校学习。

陕西高职院校在国家"一带一路"倡议下，瞄准外向型行业企业，积极主动，服务中国企业"走出去"。陕西工业职业技术学院稳步推进"中赞职业技术学院"的建设步伐，与中国有色矿业集团公司项目组整合项目资源，以卢安夏技工学校为基础，于 2019 年 3 月在赞比亚挂牌成立中赞职业技术学院，为赞企业员工及当地青年提供机械制造等方面的学历教育和技能培训。陕西铁路工程职业技术学院先后选派 14 名教师赴肯尼亚蒙内铁路进行线路工、信号工、供电、行车等 8 个专业岗位培训，培训肯方员工 31 531 人·日；与 RTI 就建立"陕铁院—肯尼亚铁路培训中心"（"鲁班工坊"）达成战略协议。

案例 10　陕西铁路工程职业技术学院服务中国铁路"走出去"

陕西铁路工程职业技术学院与中国路桥肯尼亚蒙内铁路运营公司、肯尼亚铁路培训学院（以下简称"RTI"）联合为肯尼亚蒙内铁路员工进行专业技术培训，如图 2 - 5 - 1 所示。学院负责培训项目的方案编制、课程开发、教学组织与实施，企业全程参与培训方案制定、开发课程以及提供实践教学场地和设施，形成了校企联合、优势互补的海外培训机制。

图 2-5-1   陕铁院选派教师赴肯尼亚为蒙内铁路培训员工

（二）引进优质资源

结合国家"一带一路"倡议和丝绸之路经济带桥头堡区位优势，陕西省教育厅引导高职院校加强与信誉良好的国际组织、跨国企业以及职业教育发达国家开展交流与合作，联合开发课程，共建专业、实验室或实训基地，引进国际先进、成熟适用的职业标准、专业课程、教材体系和数字化教育资源。15 所院校与 41 个国家的 106 个机构开展国际合作，18 所院校与国（境）外高水平院校联合开发课程，共建专业、实验室或实训基地，引进标准 33 项、专业课程 394 门、教材 50 本、数字化教学资源 340 个；与国外高水平院校联合开发课程 65 门、专业 24 个、实验室 12 个、实训基地 10 个。

（三）国际技能大赛获奖

2018 年，陕西高职院校参加国际服装设计大赛、大学生编程国际赛和美国大学生数学建模竞赛等 8 项国际技能大赛，获特等奖 1 项、一等奖 4 项、二等奖 2 项、三等奖 9 项，如图 2-5-2 和图 2-5-3 所示。

（a）

（b）

图 2-5-2   陕西工业职业技术学院学生获得国际大赛奖项

（a）美国大学生编程国际赛获奖；（b）"皮克马里翁杯"国际青年设计师大赛获奖

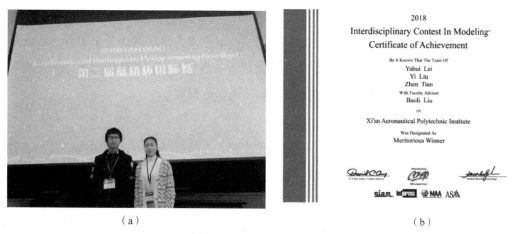

（a） （b）

图 2 – 5 – 3　西安航空职业技术学院学生获得国际大赛奖项

（a）蓝桥杯大赛（国际赛）获得三等奖；（b）美国大学生数学建模竞赛荣获一等奖证书

六、政策保障

（一）加强顶层设计

陕西围绕《高等职业教育创新发展行动计划（2015—2018 年)》总体要求，以改革发展为动力，以促进就业为导向，以提升院校内涵、增强办学活力、提高人才培养质量为目标，以专业建设、课程改革为核心，结合"十三五"发展规划，三年总投资 7.08 亿元，全面推进高职优质资源建设，加强技术技能积累，完善质量保障机制，提升思想政治教育质量。

陕西坚持以分类指导、项目承接、动态调整为原则，推动重点院校和专业建设，结合实际创造性地抓落实，把国家"双一流"拓展为"四个一流"：在"一流大学"基础上增加"一流学院"，使得高职院校有冲击一流的机会；在"一流学科"基础上增加"一流专业"，引导所有学校始终脚踏实地打牢教学基础；坚持建梯队、谋长远的基本考虑，在建设项目的基础上增加培育项目，分层次持续发力向高端冲刺。陕西省教育厅在示范校基础上遴选高职"一流学院"8 所（建设 3 所、培育 5 所），在骨干专业基础上遴选"一流专业"200 个（建设 50 个、培育 150 个），高职"双一流"坚持项目管理、动态调整的原则已转入实质建设阶段。

（二）完善教学工作诊断与改进制度

陕西省高度重视高职院校诊改工作，将试点院校复核工作纳入省教育厅年度工作要点；省教育厅副厅长刘建林多次参加诊改研讨及培训会，主编《高等职业院校教学工作诊断与改进实操导引》，顶层设计、统筹推进陕西高职院校教学诊改工作；调整省级诊改专委会，充实专家力量，全年召开省级培训会研讨会 8 次；省教育厅依托省高职诊改专委会分三批逐步推进诊改工作，逐步实现诊改工作全覆盖，逐步建立院校内部质量保证长效机制。

陕西省教育厅经积极争取，教育部职称司、全国诊改委将陕西作为全国首个省份开展复核，通过 3 所学校的"试验田"为全国大范围复核提供方案，组织省内外专家完成 9 所省级试点校完成复核。陕西高职诊改工作走到了全国最前列。

（三）推进"放管服"改革

对院校拟入编人员实行备案制，简化调动程序，缩减报备时间，畅通高层次人才引进绿色通道。20 所高校自主招聘 489 人，专任教师中博士占 71%。学校按照生师比合格标准，核定岗位总量，制定岗位设置方案和管理办法，确定教学、科研、行政职能部门等内设机构的设置和人员配备，鼓励高校推进内设机构，取消行政级别试点，管理人员实行职员制。2017 年起，高校教师职称评审权直接下放至高校，将师德表现作为评聘的首要条件，提高教学业绩在评聘中的比重，省教育厅加强事前备案和事中、事后监管，指导高校坚持公正、阳光评审，主动接受监督。

七、挑战与展望

（一）问题导向

1. 生源不足对高职院校办学造成较大挑战

近年来，受适龄教育人口逐年减少的影响，高职院校招生问题愈发凸显，2018 年招生计划完成率为 74.3%，较 2017 年下降约 5%，省属、行业属、地市属、民办高职整体下降，其中民办高职下降 10.5%，近 5 万名考生放弃填报志愿。

2. 专业同质化现象仍然存在

各院校在凝练办学特色、优化专业结构方面取得了明显的进步，但从整体看，"办学无特色、专业同质化"的现象仍然存在，部分院校满足于现状的情况较为突出。

3. 追赶超越仍需努力

陕西在教学成果奖、技能大赛等关键指标上的成绩取得了长足的进步，多项指标实现了突破，但与江苏、山东等第一梯队的省份相比，在获奖数量和等级上存在成倍数的差距，距离实现追赶超越目标仍有一段距离，还需不断努力。

（二）创新发展

1. 扎根陕西，办社会主义高职院校

陕西将督促引导各院校立足省情、民情，围绕社会需求培养高素质技术技能人才。坚持立德树人根本任务，将思想政治工作覆盖办学各方面、贯穿教育全过程；进一步健全师德建设长效机制，实行师德"一票否决制"；学习职教发达省份办赛经验，深化体制机制改革，构建全方位、多层级的竞赛体系，鼓励各院校探索大赛培育和成果转化的有效途

径，形成以赛促教、以赛促学、以赛促改的良好氛围。

2. 凝练特色，突破招生瓶颈

深入研究区域经济特点和发展趋势，鼓励各院校发挥特长，优化专业结构，凝练自身特色，实现办学有特色、发展有优势、工作有亮点，形成良好的市场效应。面向中职院校"开源"，拓宽中高职"3＋2"联办规模，拓宽高职招生入口，实现 3 年制中职和 2 年制高职教学的无缝衔接，将中职学校培养成稳定优良的生源基地；打开出口，拓宽高职升本渠道，试点高职举办本科专业，打通人才上升通道，完善职教体系。

3. 放眼国际，开放办学走出去

坚持"三个面向"，依托陕西"一带一路"桥头堡地缘优势，借鉴吸收国际先进职业教育办学治校经验，通过海外培训、合作办学、鲁班工坊等形式"走出去"，弘扬我国社会主义高等职业教育的优良传统，努力在办学治校上探索中国模式、陕西模式，跟上国际步伐，引领时代潮流。

八、附表

附表 1　计分卡

序号	指标	单位	2017 年	2018 年
1	就业率	%	85.30	88
2	月收入	元	2 863	3 548
3	理工农医类专业相关度	%	86	89
4	母校满意度	%	90	92
5	自主创业比例	%	1.92	1.92
6	雇主满意度	%	93.56	94.89
7	毕业三年职位晋升比例	%	38.96	39.26

附表 2　学生反馈表

序号	指标		单位	一年级	二年级	备注
1	全日制在校生人数		人	98 063	98 616	
2	教书育人满意度		/	96.65	98.20	
	（1）课堂育人	调研人次	人次	91 365	89 824	
		满意度	%	93.27	93.29	
	（2）课外育人	调研人次	人次	40 895	38 859	
		满意度	%	91.61	91.60	
3	课程教学满意度		/	93.19	98.35	
	（1）思想政治课	调研课次	课次	11 787	8196	
		满意度	%	93.05	92.97	
	（2）公共基础课（不含思想政治课）	调研课次	课次	12 334	9 041	
		满意度	%	92.76	92.64	
	（3）专业课教学	调研课次	课次	14 856	13 699	
		满意度	%	93.58	93.95	

续表

序号	指标		单位	一年级	二年级	备注
4	管理和服务工作满意度		/	91.54	97.08	
	（1）学生工作	调研人次	人次	36 431	32 081	
		满意度	%	91.80	92.27	
	（2）教学管理	调研人次	人次	37 500	34 300	
		满意度	%	92.64	92.81	
	（3）后勤服务	调研人次	人次	41 666	39 990	
		满意度	%	87.22	86.97	
5	学生参与志愿者活动时间		人·日	530 782	359 255	
6	学生社团参与度		/	56.42	51.55	
	（1）学生社团数		个	1 326	1 302	
	（2）参与各社团的学生人数		人	62 624	52 543	指分别参与不同社团活动的人数（鉴于版面限制，具体社团及人数详见各院校表）

附表 3　资源表

序号	指标	单位	2017 年	2018 年
1	生师比	/	16.04	15.25
2	双师素质专任教师比例	%	47.38	49.08
3	生均教学科研仪器设备值	元/生	13 027.17	12 912.84
4	生均教学及辅助、行政办公用房面积	平方米/生	20.71	20.78
5	生均校内实践教学工位数	个/生	0.49	0.48
6	校园网主干最大带宽	Mb/s	1 500	3 000
7	教学计划内课程总数	门	23 878	26 161
	其中：线上开设课程数	门	1 447	3 110

附表4 国际影响表

序号	指标	单位	2017年	2018年	备注
1	全日制国（境）外留学生人数（一年以上）	人	8	31	/
2	非全日制国（境）外人员培训量	人·日	35 998	42 825	/
3	在校生服务"走出去"企业国（境）外实习时间	人·日	8 651	7 956	/
4	专任教师赴国（境）外指导和开展培训时间	人·日	4 070	5 366	/
5	在国（境）外组织担任职务的专任教师人数	人	20	35	杨华在太平洋地区服装设计类大学联盟委员会担任委员；袁丰华在太平洋地区服装设计类大学联盟委员会担任委员；钟敏维在太平洋地区服装设计类大学联盟委员会担任委员；胡蓉在太平洋地区服装设计类大学联盟委员会担任委员；约翰·斯密斯（外教）在世界职业院校联盟绿色校园委员会担任委员；约翰·斯密斯（外教）在联合国教科文组织UNEVOC中心担任联络员；康杨杨在俄罗斯符拉迪沃斯托克市"太平洋地区国际旅游联盟"担任协调员；王周锁、张振仓、郑爱泉、杜斌在哈萨克斯坦现代农业技术培训中心担任农业技术培训教师；蔡皓在美国马里兰大学孔子学院担任教师职务；滕威老师在土耳其孔子学院担任对外汉语教师职务；张武、雯老师在韩国担任汉语教师；蔡建平副教授担任约旦大学对外汉语教师职务；王同在荷兰Elsevier担任审稿人；李运湩在美国数学学会《数学评论》担任评论员；王津、王同被俄罗斯萨马拉国立交通大学聘为兼职副教授；薛莲在美国加州大学滩州交通大学聘为兼职教授；庞旭卿被俄罗斯萨马拉国立交通大学院聘请为客座教授；安学武在俄罗斯"伏尔加河河流域交通学报"担任编辑职务；张雄在马来西亚科技大学担任特聘教授

续表

序号	指标	单位	2017 年	2018 年	备注
6	开发国（境）外认可的专业教学标准和课程标准数	个	50	122	机械制造与自动化专业教学标准被赞比亚、刚果（金）职业院校采用；服装设计专业教学标准被波兰、俄罗斯职业院校采用；SGAVE人才培养方案被中国、德国认可；铁路工务、通信、信号和供电运输、调车等6个专业的教学标准和47门课程标准被肯尼亚RTI铁路培训学院及俄罗斯萨马拉马拉松大学认可并采用；铁道车辆、铁道供电、铁道机车、铁道交通运营管理、铁道工程技术专业教学标准课程被俄罗斯圣彼得堡国立交通大学认可；PLC课程标准被赞比亚、刚果（金）职业院校采用；电工课程标准被赞比亚、刚果（金）职业院校采用；液压钳工课程标准被赞比亚、刚果（金）职业院校采用；基础电磁学课程标准被赞比亚、刚果（金）职业院校采用；服装制版与工艺课程标准被俄罗斯、波兰职业院校采用；基础汉语课程标准被孟加拉国、印尼职业院校采用
7	国（境）外技能大赛获奖数量	项	27	78	王程远、赵瑞源、代再强在2018蓝桥杯大学生编程国际赛获一等奖；徐喜娟、刘思明在第九届波兰服装设计师大奖赛获表优秀奖；杨欣在第25届"皮克马里翁杯"国际青年设计师大赛获一等奖；徐喜娟在第25届"皮克马里翁杯"国际青年设计师大赛获一等奖；刘思明在第25届"皮克马里翁杯"国际青年设计师大赛获二等奖；全西蒙、邱怀露、郑晓鸽在2018东南亚国家创意训练营"现代旅游网络推广赛"获优秀奖；韩丽娟、董文娟在太平洋地区国际旅游者论坛"探讨东西方现代旅游业发展模式"竞赛获三等奖；约翰·斯密斯（外教）在2018东南亚国家创意训练营"现代旅游网络推广赛"，获优秀指导教师奖；钟敏捷在第25届"皮克马里翁杯"国际青年设计师大赛优秀设计师奖；王浩嵩、武光博、铁工3162班苏旻嘉等三名同学获美国大学生数学建模竞赛ICM类二等奖；尚建超、张锟、雷亚辉、刘毅、田浩威三名同学获美国大学生数学建模竞赛ICM类一等奖；赵杰、刘澳涵、张妍、田晨六名同学获得美国大学创业大赛一等奖；杨增武樊仁霞在第二届"蓝桥杯"国际赛中各获得三等奖1项；同学中美学生创业大赛获得二等奖。吕卓权赴美参加VEX机器人世界锦标赛获亚军；吕格非在首届国际器乐邀请赛获金奖；穆钊在FHC国际烹饪艺术西餐项目比赛获三等奖

附表 5　服务贡献表

序号	指标		单位	2017 年	2018 年
1	全日制在校生人数		人	303 418	300 023
	毕业生人数		人	86 608	106 305
	其中：就业人数		人	77 177	87 383
	毕业生就业去向		／	／	／
	A 类：留在当地就业人数		人	82 138	70 000
	B 类：到中小微企业等基层服务人数		人	43 886	63 427
	C 类：到 500 强企业就业人数		人	33 278	29 607
2	横向技术服务到款额		万元	8 384.81	13 026.64
3	纵向科研经费到款额		万元	1 021.91	3 152
4	技术交易到款额		万元	5 289.07	1 169.67
5	非学历培训到款额		万元	16 832	15 217.89
6	公益性培训服务		人·日	946 081	713 528

附表 6　落实政策表

序号	指标	单位	2017 年	2018 年
1	年生均财政拨款水平	元	9 475.57	10 422.23
	其中：年生均财政专项经费	元	4 113.82	4 001.54
2	教职员工额定编制数	人	16 791	16 791
	在岗教职员工总数	人	21 315	21 704
	其中：专任教师总数	人	13 213	13 631
3	企业提供的校内实践教学设备值	万元	5 488.80	5 606.90
4	生均企业实习经费补贴	元	297.98	315.96
	其中：生均财政专项补贴	元	18	47.05
5	生均企业实习责任保险补贴	元	38	39.98
	其中：生均财政专项补贴	元	5	5.03
6	企业兼职教师年课时总量	课时	742 964	762 402
	年支付企业兼职教师课酬	元	1 238 295.82	1 219 057.24
	其中：财政专项补贴	元	101 891.08	16 251.63

陕西高等职业教育质量年度报告
（2020 年）

2019 年 10 月，中共中央政治局委员、国务院副总理孙春兰来陕调研，她强调，要深化职业教育改革，提升职业教育质量，深入推进产教融合、校企合作，推动教师、教材、教法改革，促进职业院校办出特色、办出水平，加快培养大批高素质劳动者和技术技能人才，为中西部地区经济社会发展作出更大贡献。

在陕西省委、省政府的领导下，陕西高职深入贯彻十九大、党的十九届四中全会和全国、全省教育大会精神，落实《国家职业教育改革实施方案》和《陕西省职业教育改革实施方案》，以培养德、智、体、美、劳全面发展，适应社会需求及产业需求的高素质技术技能型人才为主线，推进高职扩招、"双高"遴选建设、"1＋X"证书制度试点、教学诊改等重点工作，深化产教融合、校企合作，全省高职院校内部治理能力、人才培养水平和服务区域经济社会发展能力得到显著提升。主要成效如下：

（1）1 月，省委、省政府召开全省教育大会，明确了职教发展的方向和要求。7 月，省政府召开全省深化职教改革座谈会，确定了职教改革的具体路径。12 月，省职教学会 2019 年学术年会召开，省教育厅总结全年工作并对下一年度重点工作进行安排部署。

（2）7 月，省政府办公厅印发《陕西省关于深化产教融合的实施意见》（陕政办发〔2019〕26 号），推动教育链、人才链与产业链、创新链有机衔接。11 月，省政府印发《陕西省职业教育改革实施方案》（陕政发〔2019〕18 号），确定了职业教育"调结构、提质量、强师资、建体系"的总体思想和工作措施。

（3）8 所高职院校入选"中国特色高水平高职学校和专业建设计划"名单，数量位居全国第 8。其中：4 所院校入选高水平学校，位居全国第 4、中西部第 1；陕西工业职业技术学院入选 A 档"10 强校"，为西部唯一。3 所院校的 3 个教师团队入选首批国家级职业教育教师教学创新团队，标志着陕西高职教育核心竞争力进入全国前列。

（4）印发《高职扩招专项工作实施方案》，启动 4 个专项学历提升计划，面向退役军人、下岗失业人员、农民工和新型职业农民等开展高职扩招，全年累计录取高职学生 19.9 万人。

（5）《高等职业教育创新发展行动计划（2015—2018 年)》验收，陕西 7 所优质专科高等职业院校、81 个骨干专业、46 个生产性实训基地、15 个"双师型"教师培养培训基地、17 个协同创新中心、1 个虚拟仿真实训中心、1 个技能大师工作室被认定，入选总量 116 个，多所院校第一次取得了国家级项目认定。

（6）3 所教学诊改国家试点院校顺利通过教育部复核，数量位居全国第一；9 所省级试点院校、20 所其他院校全部复核完毕，在全国率先实现高职院校诊改工作全覆盖。省外 400 余所兄弟院校来陕学习交流，陕西诊改工作为全国贡献了可借鉴、可参考的"陕西方案"。

（7）省教育厅完成 4 所在建省级示范性高职院校验收和 1 所新建高职院校人才培养评估，省级示范建设项目圆满收官。

（8）技能大赛省赛监督仲裁机制全面建立，赛项遴选储备机制更加健全；在国赛中获一等奖 17 项，较 2018 年增长 54.5%，实现了大赛成绩连续 5 年大提升；承办国赛 4 项，数量位居全国分赛区第 2。举办课堂创新大赛，前后 2 万人次参赛，省内外 13 万人次收看观摩，实现了"一个落实"和"两大对接"，呈现出"三大亮点"，体现了职业教育的"四大特色"。

（9）开展省教学成果奖评审和教改项目遴选，立项省级专业教学资源库 16 个，8 所院校主持的 7 个专业教学资源库通过教育部立项。稳妥推进"1 + X"证书试点，三批试点共有 1.2 万余名学生参与。现代学徒制第二批 10 所试点院校顺利通过教育部验收。在系列职业院校全国 50 强遴选中，陕西工业职业技术学院、杨凌职业技术学院分别入选 3 项，陕西铁路工程职业技术学院入选 2 项，西安航空职业技术学院入选 1 项。

（10）开发国（境）外认可的专业教学标准、课程标准 122 项，多所院校建立合作办学实体；举办中国（西安）世界职业教育大会、陕台两岸职业教育座谈会，陕西高职国际合作能力不断提升。

为进一步提升专业服务产业发展能力，深化内涵建设，提升高等职业教育教学水平和人才培养质量，为区域经济社会发展提供高素质技术技能人才，按照教育部统一要求，陕西省教育厅以陕西高职院校人才培养工作状态数据信息采集平台数据为依据，结合陕西高职教育实际情况，从基本情况、学生发展、教学改革、服务贡献、国际影响、政策保障、挑战与展望七个方面，对陕西高职教育总体情况和院校特色进行总结，形成陕西省高等职业教育质量年度报告（2020）。

一、基本情况

陕西高职院校各类全日制在校生 29.16 万人，居全国第 14 位，较 2018 年 30 万人下降 0.84 万人；校均 7 674.05 人，居全国第 10 位；专任教师 14 049 人，校均 369.71 人；全日制招生 12.21 万人（不含扩招部分），较 2018 年增长 0.42 万人；毕业生 10.37 万人，较 2018 年略有下降。

（一）院校分布

陕西省 36 所高职院校及 2 所①职业教育本科试点，分布在全省 10 个地市（全覆盖），其中省会城市西安市较为集中，有 20 所，占总比的 52.63%；其他各地市分别为咸阳市 7

---

① 不含新设置的神木职业技术学院。

所，宝鸡市、汉中市、渭南市各2所，安康市、商洛市、铜川市、延安市、榆林市各1所，如图3-1-1所示。

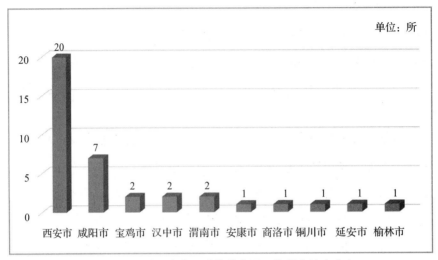

图3-1-1 陕西省高职院校分布图（按所在地市分布）

（二）院校类型基本情况

按办学性质划分：公办院校29所，占76.32%；民办院校9所，占23.68%（图1-2）。

按办学主体分类：省属院校12所，占31.58%；行业和政府其他部门办学各3所，占7.89%；市属院校11所，占28.95%；社会资本举办的民办院校9所，占23.69%。

按示范性分类：国家示范院校3所，国家骨干院校3所，各占7.89%；省级示范院校12所，占31.58%。

按院校类型分类：综合院校13所，占34.21%；理工院校15所，占39.48%；财经院校6所，占15.79%；农业院校、医药院校、政法院校、艺术院校各1所，分别占2.63%。如图3-1-2所示。

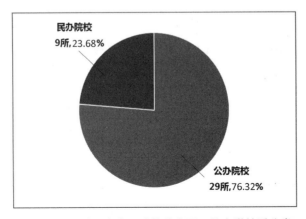

图3-1-2 陕西省高职院校分布图（按办学性质分类）

　　按照《教育部财政部关于公布中国特色高水平高职学校和专业建设计划建设单位名单的通知》（教职成函〔2019〕14 号），陕西省共 8 所高校入选（见图 3 - 1 - 3），其中高水平学校 4 所，分别是陕西工业职业技术学院（A 档）、杨凌职业技术学院（B 档）、陕西铁路工程职业技术学院（C 档）、西安航空职业技术学院（C 档）；高水平专业群院校 4 所，分别是陕西国防工业职业技术学院 – 机电一体化技术（B 档）、陕西职业技术学院 – 旅游管理（B 档）、陕西能源职业学院 – 煤矿开采技术（C 档）、咸阳职业技术学院 – 学前教育（C 档）。

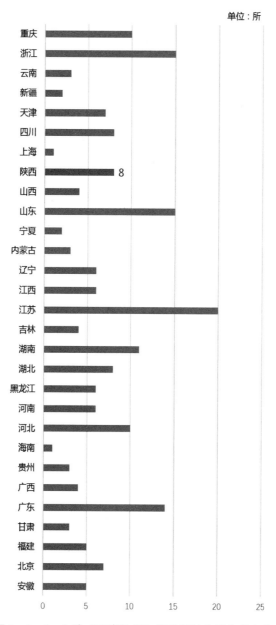

单位：所

图 3 - 1 - 3　入选"双高计划"建设院校全国各省市分布

（三）在校生规模

陕西高职院校全日制在校生29.16万人，其中，高中起点在校生25.76万人，较2018年26.47万人下降0.71万人；中职起点在校生3.21万人，较2018年3.52万人减少0.31万人。

（四）办学资源

陕西高职院校基本办学资源和检测办学资源指标均达到国家合格标准，见表3-1-1。

表3-1-1 陕西高职院校办学基本条件一览表

序号	指标名称	单位	2018年数据	2019年数据	合格指标
1	生师比	/	15.25	14.35	18
2	具有研究生学位教师占专任教师的比例	%	49.52	49.73	15
3	生均教学行政用房	平方米/生	20.78	20.98	16
4	生均教学科研仪器设备值	元/生	12 912.84	18 474.72	4 000
5	生均图书	册/生	83.17	87.31	60
6	具有高级职务教师占专任教师的比例	%	29.62	29.63	20
7	生均占地面积	平方米/生	71.45	70.75	59
8	生均宿舍面积	平方米/生	10.1	10.53	6.5
9	百名学生配教学用计算机数	台	25.44	28.14	10
10	新增科研仪器设备所占比例	%	16.46	12.55	10
11	生均年进书量	册	3.67	3.24	2

二、学生发展

（一）招生情况

2019年，陕西高职院校继续推动考试招生制度改革，高职分类考试招生有高职综合评价招生、技能拔尖人才免试招生、示范高职院校单独考试招生、普通高校职业教育单独招生4种模式，分类考试招生工作已成为推进陕西高职院校招生制度改革的重点和亮点。

2019年陕西省积极响应国家号召，根据教育部《高职扩招专项工作实施方案》（教职成〔2019〕12号），制定了《陕西省高职扩招专项工作实施方案》，面向具有陕西户籍的普通高中、中职毕业生或具有同等学力人员，重点是退役军人、下岗转岗失业人员、农民工和新型职业农民等群体。全年累计录取 19.9 万人，按时且保质保量完成扩招任务。

（二）职业素养

2019 年，陕西高职院校坚持思政铸魂于无声、文化育人于无形、立德树人于点滴，弘扬工匠精神，充分发挥技能大赛的引领作用，全方位提升育人水平，提升学生综合职业素养。

1. 技能大赛

陕西省教育厅继续深入推动高职院校技能大赛办赛机制改革，选派仲裁监督人员赴赛点指导监督，夯实国赛赛前集训工作，大赛组织更加公平、公正、阳光。陕西工业职业技术学院、杨凌职业技术学院、西安航空职业技术学院、咸阳职业技术学院 4 所高职院校承办国赛 4 项；全省高职院校在全国职业院校技能大赛中获奖 107 项，其中一等奖 17 项、二等奖 26 项、三等奖 64 项，大赛成绩连续 5 年快速提升；陕西工业职业技术学院获奖数量位列全国第 2 位、中西部第 1 位。如图 3 - 2 - 1 和图 3 - 2 - 2 所示。

图 3 - 2 - 1　陕西工业职业技术学院承办"嵌入式技术应用开发"国赛

图 3 - 2 - 2　咸阳职业技术学院承办学前教育专业教育技能赛项

2. 文化育人

深入贯彻全国高校思想政治工作会议精神，立足高职人才培养目标，以立德树人为根本任务，紧扣"技术技能工人到大国工匠"的培养目标，优化校园文化建设顶层设计，构建特色校园文化育人载体，整合地域文化、传统文化、红色文化、企业文化等的育人功能，开展特色校园文化活动，提升文化育人品质；开展理想信念教育、爱国主义教育、民族团结教育、国防教育、安全法纪教育等主题教育活动。

案例　凝神聚气铸文化自信，艺术教育谱育人新篇

陕西铁路工程职业技术学院一直高度重视学生美育教育，始终坚持"艺术教育筑梦培根铸魂育人"的思想，通过以美育人、以文化人，努力提高艺术教育工作的管理水平和教学水平，把艺术教育渗透于学院教育的各个领域，使学院艺术教育工作真正落到了实处，培养了学生在艺术方面的欣赏能力、表现能力、创造能力，提高了学生的审美素质和艺术修养，取得了显著实效。11 月 20 日，由中国舞蹈家协会、陕西省文学艺术界联合会主办的"一带一路"舞蹈艺术巡礼系列活动之"中印舞蹈对话"展演在陕西师范大学终南音乐厅举行，陕西铁路工程职业技术学院艺术教育中心的原创舞蹈《蒹葭》作为唯一非专业团体受邀代表国家圆满完成了本次交流演出，如图 3-2-3 所示。

图 3-2-3　陕西铁路工程职业技术原创舞蹈《蒹葭》

案例　依托"四融合"志愿服务模式，打造学生素质提升平台

陕西工业职业技术学院信息工程学院"馨暖爱心"志愿者服务队始终坚持志愿服务育人理念，依托专业特色，按照"四融合"的发展思路进行建设：一是与专业协会融合，形成"计算机维修"特色品牌；二是与信息网络融合，打造"E 志愿服务"新亮点；三是与党团建设融合，探索志愿服务思政教育新模式；四是与社会项目融合，搭建"校社协同"育人新平台。近几年，借助互联网创建 E 志愿服务平台，开设"馨暖志愿者"公众号，共举办活动 206 次，形成了"计算机维修""冬日暖阳""情系孤残"等活动品牌，培养优秀学生 3 122 名，获得各类表彰 425 人次，先后被陕西传媒网、搜狐网、人人网、今日头条等 10 余家主流媒体报道，荣获"陕西省志愿服务优秀团体""咸阳市慈善扶贫协会先进集体"等省市级荣誉 15 项。如图 3-2-4 所示。

图 3 - 2 - 4　陕西工业职业技术学院志愿活动

案例　西安铁路职业技术学院弘扬劳模精神，传承工匠技艺

2019 年 7 月 4 日，西安铁路职业技术学院邀请全国劳动模范、全路十佳机车司机、全路技术能手、火车头奖章及西部动车第一人等荣誉的获得者，西安铁路职业技术学院优秀校友王小卫来校讲学。王小卫结合自己的工作经验和真实案例分别就如何立足岗位开展创新工作、如何做好动车组运用工作、如何做好机车运用工作做了精彩讲述。报告会结束后，王小卫走进教室，与同学们分享了自己从一名普通学员到机车司机、动车司机，再成长为全国劳模的奋斗历程和宝贵人生经验，如图 3 - 2 - 5 所示。

图 3 - 2 - 5　王小卫同志回校"传经"

（三）就业质量

截至 2019 年 9 月 1 日，陕西高职院校应届毕业生 10.37 万人，就业率 87.12%。应届毕业生平均月收入为 3 985 元，薪酬区间主要集中在 3 000 ~ 4 500 元（56.42%），其次为 4 500 ~ 5 000 元（25.63%）。毕业生对母校满意度为 95.21%，雇主平均满意度为 95.65%。与 2018 年就业指标对比，毕业生收入、对母校满意度、雇主满意度逐年提高，毕业生就业岗位与专业相关度逐年契合。例如，陕西工业职业技术学院毕业生的专业相关度 2017 年为 90.17%、2018 年为 90.26%、2019 年为 90.54%，均高于全国高职院校 75.43% 的平均值，部分专业如铁道机车车辆、工程机械运用与维护、铁道交通运营管理、城市轨道交通工程技术、铁道车辆等专业相关度均超过 95.00%。

（四）职业发展

落实教育部等四部门发布的《关于在院校实施"学历证书＋若干职业技能等级证书"制度试点方案》（教职成〔2019〕6 号），引导鼓励省内各高职院校、应用本科高校积极参与。各院校高度重视"1＋X"证书试点工作，认真学习相关政策文件，主动与培训评价组织对接，深入了解职业技能等级证书及其标准、培训考核条件建设等方面的问题，确定参与试点的专业和证书等级，结合实际制定本校试点工作方案。

案例　陕西交通职业技术学院"1＋X"汽车专业领域全国首批"试考评"

2019 年 11 月 13 日，汽车专业领域"1＋X"证书制度试点"全国首批试考评"在陕西交通职业技术学院举行，来自全国 30 多所职业院校的 50 余名汽车领域专家全程参加并观摩考试。

本次职业技能等级证书考核模块为"汽车电子电气与空调舒适系统技术（中级）"，包括电子控制电路检测与维修、起动与充电系统检测维修、电器与控制部件检测维修、空调与舒适系统检测维修四个项目。每场考核中，考生轮流进行 4 项任务的操作，每项任务限时 50 分钟完成，共计考核 200 分钟。通过本次"试考评"，总结出一套行之有效、科学、公正、公平的工作流程和工作标准，为全国高职院校"1＋X"证书制度工作探索实践提供了成功范式。如图 3－2－6 所示。

图 3－2－6　学生参加汽车专业领域"1＋X"证书制度试点"全国首批试考评"

（五）创新创业

陕西省教育厅把创新创业教育作为系统工程全面推进落实，以开展创新创业训练活动为主抓手，着力培养"双创"生力军，其中示范校和试点学院（系）在全省发挥了示范辐射引领作用。各高职院校实施大学生创新创业工程，设立学生创新基金，不断提升学生创新创业意识和创新创业能力，培育和孵化创新创业优秀项目。同时，推进创新创业教育课程资源建设，加强实验实践教学环节和创新创业导师队伍建设，抓好"互联网＋"大学生创新创业大赛和"青年红色筑梦之旅"活动，以赛促教、以赛促学、赛教结合。

2019 年，陕西省教育厅认定省级创新创业 MOOC 86 门、线下课程 126 门，认定陕西高等学校创新创业教育研究与培训基地 38 个，把创新创业教育研究与培训基地建设作为深化创新创业教育改革的重要抓手，精心规划，大力支持，着力推进创新创业教育融入人才培养全过程。

案例　西安航空职业技术学院以双创教育助青年圆梦

2019 年 11 月 19 日，"黄炎培杯"第三届中华职业教育创新创业大赛在安徽省合肥市圆满落下帷幕。经过前期的校级选拔、省级复赛、全国总决赛网络评审后，经大赛组委会确认，西安航空职业技术学院的"新型风机机舱罩——全球风电的保护神"项目以陕西省赛高职组第一名的好成绩入围全国总决赛，并在最终决赛中获得二等奖，如图 3 - 2 - 7 所示。

在同时进行的全国首届"黄炎培杯"中华职业教育非遗创新大赛中，全国有 22 个省、市、自治区共 50 余支参赛队提供参赛参展项目 2 000 余个。经过教学案例初审、现场非遗技艺演示、教学成果展示及评审专家评审，西安航空职业技术学院推荐的作品《金狮迎门》荣获国赛二等奖，学校获"最佳组织奖"并受邀成为中国陶行知研究会非物质文化遗产教育研究专委会会员单位，两位指导教师被聘为非物质文化遗产教育研究专委会委员。

图 3 - 2 - 7　西安航空职业技术学院获奖团队参加颁奖晚会

三、教学改革

（一）专业建设

围绕陕西经济结构调整，结合区域特色和行业企业需求等，以"高水平专业建设"为核心，统筹专业建设，专业发展水平得到明显提升。

1. 专业布局

陕西 38 所院校开设专业 329 种、专业布点 1 402 个，校均 36.82 种、36.89 个，专业在校生平均 271.33 人。

陕西高职院校开设专业覆盖全部高职教育 19 个专业大类，其中土木建筑大类、装备制造大类、交通运输大类、电子信息大类、医药卫生大类、财经商贸大类专业数量较大，与陕西省产业发展规划布局相适应。专业大类具体分布如图 3 - 3 - 1 所示。

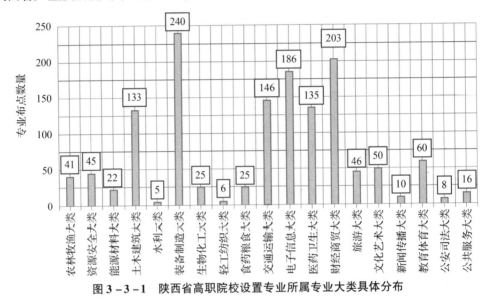

图 3 - 3 - 1　陕西省高职院校设置专业所属专业大类具体分布

陕西高职专业布局紧紧围绕"十三五"事业发展规划中重点发展产业需求，调整专业结构，其中：面向现代农业的专业 46 个，占专业总数的 3.28%；面向能源化工产业的专业 98 个，占 6.99%；面向装备制造、交通运输业的专业 386 个，占 27.53%；面向新兴产业的专业 186 个，占 13.27%；面向传统产业的专业 293 个，占 20.90%；面向服务业的专业 393 个，占 28.03%，如图 3 - 3 - 2 所示。

2. 专业调整

陕西省教育厅主动面向区域支柱产业、重点产业发展和经济社会紧缺人才需求，统筹陕西省高等职业院校专业建设布局和发展规模，设置专业动态调整机制及省控专业目录和急需专业目录，有针对性地调整和设置专业，促使专业设置与产业发展有效衔接，专业规模与区域经济社会发展需求相适应，推动专业供给侧结构性改革，从 2019 年起所有新设专业必须有企业实质性参与。2019 年新增专业 95 个，停招专业 175 个，撤销专业 50 个，如图 3 - 3 - 3 所示。

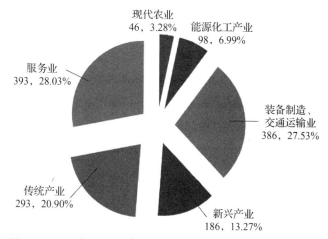

图 3 – 3 – 2　高职院校专业面向陕西重点发展产业的分布情况

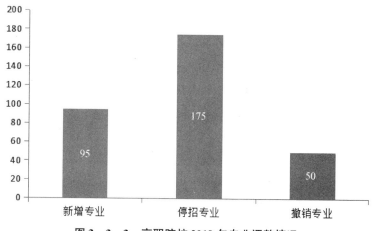

图 3 – 3 – 3　高职院校 2019 年专业调整情况

3. "1 + X" 证书试点

陕西省 25 所高职院校作为首批 "1 + X" 证书试点，其中对应建筑信息模型（BIM）的有 8 所，Web 前端开发的有 5 所，老年照护的有 3 所，物流管理的有 13 所，汽车运用与维修的有 8 所，智能新能源汽车的有 1 所（注：部分证书试点院校有重合）。陕西工业职业技术学院承办工业机器人应用编程 "1 + X" 证书试点实施工作会、机械行业 "1 + X" 职业技能等级标准建设研讨会，千余名专家学者齐聚共商 "1 + X" 工业机器人应用编程职业技能等级证书制度试点相关工作大计，如图 3 – 3 – 4 和图 3 – 3 – 5 所示。

4. 专业教学资源库

陕西铁路工程职业技术学院主持的地下与隧道工程技术专业资源库、杨凌职业技术学院主持的水环境监测与治理专业资源库、陕西工业职业技术学院主持的机械制造与自动化专业资源库通过国家验收；立项 2019 年陕西省高等职业教育专业教学资源库 18 个，其中 7 个入围 2019 年第二批国家职业教育专业教学资源库，如图 3 – 3 – 5 所示。

图 3 - 3 - 4　全国 30 余家机械行业重要企业、270 余所高职院校与应用本科专家学者参加研讨会

图 3 - 3 - 5　全国机械职业教育教学指导委员会主任委员陈晓明及部分交流汇报学者

（二）课程建设

1. 持续推进思政课程创新

陕西省抓住教师队伍这个关键，组织全省高校所有思政课教师和近万名专业课教师开展思政课教师"大练兵"主题活动，打造精品思政课，抓好课堂教学主渠道，打造了一批教学标兵、能手、骨干。在由中国青年报社主办的"2019 高职院校网络思政育人研讨会"中，陕西工业职业技术学院《用"爱国奋斗"立德铸魂 助力学生成长成才》、陕西铁路工程职业技术学院《打造网络思政工作品牌，构筑立德铸魂育人高地》入选大会发布的"高职院校网络思政创新示范案例 50 强"，如图 3 - 3 - 6 所示。

2. 首创课堂教学创新大赛，打造陕西"金课"

陕西省提出"课堂革命、陕西行动"，继 2018 年本科高校课堂教学创新大赛后，举办了首届高等职业院校课堂教学创新大赛，共有 43 所院校、近 2 万人次参赛，评出一等奖 27 项、二等奖 55 项、三等奖 82 项、优秀奖 105 项，10 所院校获优秀组织奖。大赛深入落实立德树人根本任务，参赛课程与思政课程同向同行，体现了协同育人效应，实现了所有参赛课程对接国家职业教育发展的要求、参赛作品对接产业发展方向两大对接，呈现出

图 3 - 3 - 6　陕西工业职业技术学院、陕西铁路工程职业技术学院入选
"高职院校网络思政创新示范案例 50 强"

覆盖范围广、竞赛模式新、信息技术高三大亮点，体现了职业教育的开放性、应用性、技术技能性、实践实训性四大特色。如图 3 - 3 - 7 所示。

图 3 - 3 - 7　2019 年陕西高职院校课堂教学创新大赛媒体通气会与闭幕式

3. 持续推进精品在线开放课程建设

以信息化技术为抓手，积极参与国家级精品在线开放课程建设，建成国家级精品课程 55 门、省级精品课程 301 门，新增省级精品在线开放课程 32 门，涵盖各大专业门类，如图 3 - 3 - 8 所示；资源 29 550 条；学生用户 84 113 人、社会用户 10 843 人，年度访问量达到 4 060 080 人次。

（三）师资队伍建设

1. 强化教师队伍建设

高职院校现有教职工 21 796 人，其中专任教师 14 049 人，占 63.53%；兼职教师 5 071 人，占 18.58%；校均生师比为 14.35，教师队伍结构进一步优化。

高职院校围绕培养、引进、使用、发展四个环节，深入实施人才强校战略，逐步建立

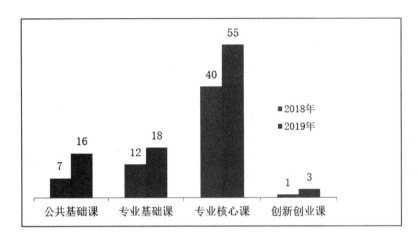

图 3 - 3 - 8　省级精品在线课程分布情况（附彩插）

了以教师教学能力发展为主，以专业实践能力和研究能力发展为两翼的师资队伍建设框架。专任教师中具有高级职称的 4 163 人，占专任教师的比例为 29.63%；双师素质教师 6 818 人，占专任教师的比例为 48.53%；硕士研究生及以上学历教师占专任教师的比例为 49.73%，如图 3 - 3 - 9 所示。

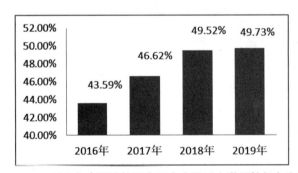

图 3 - 3 - 9　近几年高职院校硕士研究生及以上学历教师占比情况

2. 加强青年教师培养

围绕立德树人根本任务，注重教师技能创新提升，鼓励教师到国内外重点高校继续深造，出台学历技能提升政策支持，在科研经费启动、学位奖励等方面给予优惠支持。省委教育工委、省教育厅举办了第七届陕西省高校辅导员素质能力大赛、陕西省高职院校技能大赛教学能力比赛，以赛促教、赛教结合，促进教师教学能力提升。2019 年高职院校教师到 45 个国家、地区的 108 个机构以及国内 103 所高校开展合作交流项目，外派教师 526 人次。

3. 注重骨干教师技能提升

2019 年，共有 2 516 名骨干教师参加国家级、省级培训项目，骨干专业专任教师数量达到 4 406 人，其中"双师型"教师 3 492 人，占 79.26%。教师下企业实践锻炼人数大幅提升，参与多家企业的多项技术攻关、科技推广、技术服务等工作，大幅提高了教师的实践教学能力，持续推动教师企业实践及工程实践轮训计划。陕西工业职业技术学院联合行业高端一流企业，多方联动共建骨干教师团队。

案例　联合行业高端一流企业，多方联动共建教师团队

陕西工业职业技术学院按照"分级分类、外引内培、校企共建、联合培养"的原则，围绕"高等职业教育创新发展行动计划""优质高职校""骨干专业""现代学徒制试点"等国家项目推进教师团队建设，实施技术技能大师、专业带头人、骨干教师、青年教师、教科研团队等教师分类培养，提高教师团队水平。与世界顶级智能制造设备厂商——DMGMORI（中国）有限公司、世界技能大赛全国集训基地——广东省机械技师学院展开合作（见图3-3-10），派出教师到企业和集训基地培训，提高教师的实操技能，为"双师型"教师团队打下坚实的基础。所有的专业课教师利用寒暑假进入企业锻炼、调研，掌握行业企业最新技术发展、新工艺应用、人才需求变化，为教学建设和改革提供第一手的信息。引进全国技能大师、全国人大代表田浩荣任兼职教授，指导、引领专业发展，如图3-3-11所示。校企联合制定人才培养方案，共同开发课程教材，形成了"人才共育、成果共享"的校企产教融合机制。2019年8月，陕西工业职业技术学院机电一体化技术专业获国家级职业教育教师教学创新团队立项建设单位。

图3-3-10　赴广东省机械技师学院学习交流　　图3-3-11　田荣浩技能大师劳模创新工作室

4.发挥大师引领作用

6所院校建立6个技能大师工作室，指导校内教师51人，指导校内学生1 838人，承担教学任务2 248课时，开展研修培训及交流96次，承担省级科研课题5项，指导学生参加国家级、省级技能大赛获奖24人次，获批国家技能大师工作室1个，如图3-3-12所示。

案例　大师引领建团队，校企协同育人才

陕西铁路工程职业技术学院叱培洲技能大师工作室以"三秦工匠""全国技术能手"、

身怀焊接与修复绝活的叱培洲命名，工作室主动服务地方经济发展，传授焊接绝技绝活，培养高水平技术技能人才，如图3－3－13所示。

图3－3－12　校内外大师技能演示交流活动

图3－3－13　叱培洲指导学生实训

大师言传身教，师生知行合一。在他的带领下，专业建设内涵发展，技术技能传承发扬，工匠精神聚力培养，工作室硕果累累。三年来，先后为中联重科渭南分公司、中铁一局新运公司等企业提供技术服务3项；发表科研论文28篇，其中SCI 3篇、中文核心11篇；申请专利20项；主持各级科研课题16项，其中，省级科研课题2项，市级4项；指导学生设计、制作金工实训设备15台（套），埋弧操作台10个，参与学生人数400余人，其中掌握两种及以上焊法绝活15人，完成成果转化资金8万余元，学生参加技能大赛获省级以上奖项20人次。

（四）信息化建设

1. 信息化基础设施持续升级完善

按照"智能感知、资源集约、数据共享、应用集成"的原则，陕西高职院校全部建立了基础校园网，部分高职院校实现了校园内无线网络的全覆盖，为师生基于无线网络的泛在学习提供了可行的环境基础；80%高职院校建立了校园一卡通，实施"智慧校园"，继续完善统一门户、统一数据交换、统一身份认证的数据平台建设，积极开展集成式的应用开发，建成涵盖教学资源、管理资源及服务资源三层架构的资源平台和集多项应用功能为一体的信息服务平台；部分院校建设了一批智慧云教室、多屏互动教室、数字化技能教室、仿真实训室等智能化环境场所，领先全国平均水平。

2. 信息化资源逐年增加

鼓励和提倡教师使用智慧职教、学堂在线等平台，通过在线预习、网络签到、实时交互、混合式教学及课堂分析，完成教学过程数据的实时采集分析，通过平台开展公选课程的网络教学管理，引入优质教学资源，实现学生学习过程的实时跟踪、分析、考试和考勤，特别是在扩招弹性教学中发挥了重要作用，教学效果明显。陕西高职院校2019年度参与建设职业教育专业教学资源库 18 个，涵盖课程 186 门，教师用户 5 974 人、学生用户 139 131 人、社会用户 996 人，总访问量 8 041 291 次，点击总次数 19 642 865 次，累计使用 479 438 小时，交流互动 896 315 次。

3. 信息化教学能力不断提升

支持职业教育专业教学资源库建设，引导各高职院校根据区域、行业特点建设和完善省级、校级资源库；突出资源库"能学、辅教"定位，教学资源库成为"校企合作、工学结合"人才培养模式改革的重要载体；建立健全共建共享平台的资源认证标准和交易机制，进一步扩大优质资源覆盖面，强化优质资源在教育教学中的实际应用。

2019 年度，教师教学能力比赛参赛热情高涨，参赛作品数量质量显著提升，在国赛中获一等奖 1 项、二等奖 3 项、三等奖 5 项，陕西省教育厅获最佳进步奖，见表 3 – 3 – 1。

表 3 – 3 – 1　2019 年全国职业院校技能大赛教学能力比赛获奖情况

序号	获奖等次	获奖单位	获奖教师
1	一等奖	西安航空职业技术学院	张兰，谢歆鑫，郑雅茹
2	二等奖	延安职业技术学院	陈红梅，冯丽荣，代琳，杨晓洁
3	二等奖	陕西铁路工程职业技术学院	张福荣，刘舜，刘莎，袁曼飞
4	二等奖	陕西国防工业职业技术学院	张晨亮，赵小刚，姚艳，甘代伟
5	三等奖	陕西工业职业技术学院	赵雨，花丹，张雨曦，刘姗姗
6	三等奖	陕西铁路工程职业技术学院	高歌，郑晓珣，李蕾，石小庆
7	三等奖	西安铁路职业技术学院	刘芳璇，薛振洲，邵静云，刘力郡
8	三等奖	西安职业技术学院	张璐璐，陈静，行冰玉
9	三等奖	陕西交通职业技术学院	曹思琳，赵苑，刘茜，刘涛

四、服务贡献

（一）产教融合。

2019 年 7 月 26 日，陕西省人民政府办公厅印发《关于深化产教融合的实施意见》（陕政发〔2019〕26 号），提出要构建产教融合发展格局，全面实施"1155 工程"，充分发挥企业重要主体作用，强化产教融合协同育人，加强产教融合需求对接，开展产教融合建设试点。11 月 20 日，陕西省人民政府办公厅印发《关于职业教育改革实施方案》（陕政发〔2019〕18 号），要求建立产教融合办学体制，建立行业指导制度，创建产教融合型城市。各高职院校与企业积极响应，开展多种形式的产教融合，助推人才培养模式改革，推动职业教育更好地融入和支撑高质量发展。

陕西工业职业技术学院创新驱动，构建校企命运共同体，先后牵头组建了陕西装备制造业职业教育集团、全国机械行业材料成型与控制技术职业教育集团和校企协同育人战略联盟，目前已有512家成员单位。三大校企合作平台资源共享、优势互补，逐步形成了政府指导、学校主导、行业推动、企业参与的现代职业教育办学特色。学院利用校企合作协同育人战略联盟搭建平台，32名教师带领学生组成15个科研团队，承接15个校企合作研发服务项目，向企业移交"工业清洗（耐酸碱）工装产品"1件。

陕西国防工业职业技术学院结合自身目标定位，深化行校合作，搭建互动平台。2019年先后挂牌成立了新时代航天工匠型人才联合培养基地、德国必优集团西部研发中心、百度云智学院授权考试中心、工业与信息化部电子通信行业专项技术培训考试基地。

陕西职业技术学院深化推进混合所有制二级学院机制体制改革，先后与用友新道集团共建新道学院、与白鹿仓投资控股集团共建白鹿仓国际旅游商学院、与博世集团共建博世汽车学院、与京东飞服中心共建京东通航学院，广泛在二级学院中尝试混合所有制改革。

案例　深度融合校企文化　精准共育铁路工匠

陕西铁路工程职业技术学院与中铁一局在专业开发、人才培养、技能大赛、科技创新、双师素质教师培养、现代学徒制人才培养（见图3-4-1）、顶岗实习、实习实训基地建设等方面开展全方位合作。中铁一局集团二、三、四、五公司及城轨公司等子、分公司多年来一直参与陕西铁路工程职业技术学院单独招生考试职业技能测试和面试工作；近三年共建窦铁成、白芝勇2个技能大师工作室（见图3-4-2），共建"芝勇""邹超"等现代学徒制订单培养班8个，共建"铁成"特色实验班36个，签订现代学徒制人才订单培养协议8份。中铁一局全程参与并制定"课程设置与铁路行业需求对接，课程内容与铁路职业标准对接，教学过程与铁路施工过程对接，毕业证书与铁路技能证书对接，职业教育与奉献铁路事业对接"的包括地下与隧道工程技术等11个专业的现代学徒制人才培养方案，合作编写理实一体教材23本，由中铁一局各子、分公司按照铁路施工标准为学生提供工服2套/人，出资2万元/（班·年）设立企业奖学金，委派工程技术人员全程参与课程教学，学生经校企综合考核合格后优先安排在中铁一局各优秀项目顶岗实习和就业。

图3-4-1　现代学徒制培养班开班仪式

图3-4-2　校企共建技能大师工作室

（二）技术服务

陕西高职院校积极开展科技应用服务，助力企业转型升级，服务区域经济发展。杨凌职业技术学院在全省建立产学研基地 13 个，探索形成了技术服务型、基地示范型、科技包村型、专家大院型和企业带动型五种农业高职院校产学研示范推广模式，彬县基地被农业部确定为"农业科技创新与集成示范基地"。

案例　搭建校企合作平台 服务交通建设一线

陕西交通职业技术学院工程检测有限公司作为校办企业，始终把"立足交院、服务社会"作为企业发展的目标。作为学校"道路桥梁工程技术专业实训基地"和"大学生创业实训基地"，公司每年为学生提供参观实习和课程实习场所，并为工程检测专业学习提供顶岗实习机会，为青年专业教师提供一线实践锻炼岗位。2019 年，受洋县交通运输局、礼泉县交通运输局、旬邑县交通运输局、大荔县交通运输局、西咸新区泾河新城管委会等单位委托，作为第三方工程质量检测机构，公司员工与师生一起合作，对委托检测的农村公路工程建设质量进行全过程现场检测，不仅为地方县、乡公路工程的建设质量保驾护航，也为学校相关专业师生生产实习创造了完全真实的条件和机会。

（三）脱贫攻坚

陕西省委、省政府高度重视"职教扶贫"工作，全面加快脱贫致富步伐，方光华副省长赴汉中职业技术学院调研脱贫攻坚和职业教育等情况，稳步推进职教扶贫工作。陕西省委教育工委副书记李智军参加驻咸高校助力淳化县脱贫攻坚消费扶贫推进会，调研陕西工业职业技术学院、陕西财经职业技术学院关于《淳化县果蔬购销协议》扶贫工作的落实情况，并指导淳鲜源扶贫产业园相关工作。

各高职院校通过科技平台扶贫、特色产业扶贫、教育培训扶贫，探索职业教育扶贫新思路和新模式，并取得了阶段性成果。杨凌职业技术学院聚焦精准扶贫，在麟游县、太白县、旬邑县建立 2 个产学研一体化示范基地和 1 个网络电商平台，实施 10 余个特色产业扶贫项目，使基地建设、科技推广、扶贫工作有机地结合起来。宝鸡职业技术学院组建的"宝职院高校特色产业扶贫小组"赴金台区、渭滨区的西部山区开展了以经济作物和中药材种植技能培训为主要内容的特色产业扶贫工作。陕西铁路工程职业技术学院实施科技和人才帮扶，全年累计培训学生及员工 950 人次，中小学教师 322 人次；选派 4 名骨干教师到"乡村公路建设技术服务中心"进行技术帮扶，节约资金 70 多万元。

案例　科技扶贫互联网＋"智能温室"项目

陕西工业职业技术学院在"两联一包"对口帮扶村——香山村开展的陕西省科学技术厅科技扶贫专题重点研发计划中的智能温室项目，由学院齐铠亮博士牵头，针对香山村实际和需求，组织成科研攻关小组，投资 30 万元，建成 200 平方米智能温室和 100 平方米光伏发电项目，现已投入使用，为香山村群众稳定增收创出了一条新路；协同引导与汉水药材公司成功对接，流转土地 500 亩①，带动贫困户 50 户共 180 人，打造 200 亩精品"吴茱萸"基地，人均增收 800 元。如图 3-4-3 和图 3-4-4 所示。

图 3-4-3　陕西工业职业技术学院领导检查　　图 3-4-4　陈子季司长在高职院校成果展视察
指导香山村智能温室大棚扶贫工作　　　　　陕西工业职业技术学院智能温室大棚项目

案例　政校企深度合作，消费扶贫成果丰硕

陕西交通职业技术学院充分利用电子商务和物流管理专业的发展优势，将自强校区临街 4 间门面房作为西乡县农特、文旅产品展示门店，扩大了西乡县农特产品知名度；与西安庠德电子商务有限公司建立校企合作，共建电子商务实训中心，共同实现了西乡县农特产品实体店和网店线上线下的同步运营销售，如图 3-4-5 所示。2019 年 7 月至今，西乡县农特产品实现了线上线下销售收入 40.02 万元（其中线上销售收入 6.32 万元），产生了可观的经济效益。这种政、校、企紧密合作打造产教融合、精准扶贫的新模式，"助力扶贫+为党育人"的理念思路创新，"政府倡导+学校主导+企业辅导"的模式载体创造，"农户生产+教师锻炼+学生实践+群众消费"的产业链条创举，得到了陕西教育系统的高度肯定和普遍认同。

图 3-4-5　省委教育工委领导调研线下线上运营中心试运营情况

---

① 1 亩 =666.67 平方米。

五、国际影响

（一）国际交流与合作

陕西省高职院校充分发挥优势，构建专业化培训体系服务中国企业"走出去"战略，不断扩大国际影响"朋友圈"，对外合作交流呈现前所未有的活跃局面和良好的发展势头。

陕西交通职业技术学院以"深化合作共赢，共同构建'一带一路'高等职业教育命运共同体"为目标，开展中泰"互联网＋"境外合作办学培训研讨，与赞比亚"一带一路"科技学院围绕"中非职业教育合作与青年人才培养"主题交流，在公路铁道、汽车工程、轨道交通及智能交通等方面开展国际交流合作，并达成协议。

西安航空职业技术学院与泰国金士顿芭堤雅职业学校签署留学生培养项目协议；与菲律宾共设航空教育创业基金，共建航空教育创业中心，助推中菲航空教育合作交流；接待来自泰国、新西兰、韩国、美国等国家的来访团组，共计 13 批、146 人次。

案例　陕西铁路工程职业技术学院选派优质师资再赴肯尼亚，承担蒙内铁路技术培训

2019 年，学院选派周永胜副教授和王磊讲师组成铁路工务技术教学团队再次远赴肯尼亚承担蒙内铁路线路工岗位技术培训工作。两位教师在熟悉蒙内铁路桥路和路基标准的基础上，专门收集了当地铁路常见的典型问题，对课程内容进行了优化、扩充和完善。在教学过程中，他们注重理论与实践的有机结合，积极采用任务驱动、案例分析、分组讨论等教学方法，精心展示学院主持的各级资源库中的图片、视频和仿真软件，形式多样、内容丰富、效果显著的教育教学方法激发了当地学员的学习兴趣，解决了学员在日常工作中发现的疑难问题，提高了培训效果，受到中国路桥以及肯方员工的高度评价。如图 3 - 5 - 1 所示。

图 3 - 5 - 1　陕西铁路工程职业技术学院教师完成 2019 年蒙内铁路线路工岗位技术培训

（二）海外办学取得新突破

2019 年，陕西高职院校稳步推进与共建"一带一路"国家院校的交流合作项目，以输出中国标准和技术为宗旨，充分发挥高职院校专业领域培训优势，组建系统化、专业化培训体系，为赞比亚、肯尼亚、泰国、菲律宾和哈萨克斯坦等国家学员进行培训，设立"陕西工业职业技术学院赞比亚分院""杨凌职业技术学院哈萨克斯坦现代农业培训中心"。陕西工业职业技术学院制定的机械制造与自动化、跨境电商等专业教学标准获批进入赞比亚国民教育体系，"工业汉语"等多门课程被赞比亚各类职业学校采用，职业教育"走出去"工作取得重要成果，为建设中国特色和世界水平高职院校奠定了良好基础。

案例　陕西工业职业技术学院赞比亚分院正式挂牌成立

2019 年 8 月 2 日，中国－赞比亚职业技术学院开学典礼暨揭牌仪式在赞比亚卢安夏市举行。赞比亚高教部部长 Brian Mushimba、中国教育部职成司二级巡视员郁洁共同为"中国－赞比亚职业技术学院机械制造与自动化分院、陕西工业职业技术学院赞比亚分院"授牌。中国－赞比亚职业技术学院是我国高职院校协同企业"走出去"在海外独立举办的第一所开展学历教育的高等职业技术学院。赞比亚分院开设三年制机械制造与自动化专科专业，面向赞比亚全国高中毕业生招生。在赞比亚分院，由陕西工业职业技术学院教师、赞籍教师和驻赞企业技术人员共同开展教学工作，2019 级新生已顺利入学就读。

案例　杨凌职业技术学院在哈萨克斯坦成立现代农业培训中心

杨凌职业技术学院在哈萨克斯坦设立现代农业技术培训中心，与哈萨克斯坦图尔根尼一体化农业公司签订了教育合作备忘录，为哈萨克斯坦共和国国际一体化基金会提供留学生名额，并在中哈现代农业示范园、杨凌职业技术学院两地均为哈萨克斯坦图尔根尼一体化农业公司及周边 40 多名农民提供涉农技术培训，并对中哈现代农业示范园进行技术指导，双方积极创造机会鼓励开展学者交流和合作研究，联合举办国际会议、研讨会、专题讨论会以及其他项目，共同推动国际化发展。

（三）国际技能大赛获奖

2019 年，陕西高职院校参加 2019VEX 机器人世界锦标赛、蓝桥杯大学生计算机编程国际赛、"一带一路"暨金砖国家技能发展与技术创新大赛、太平洋地区国际旅游者论坛"探讨东西方现代旅游业发展模式"竞赛国际技能大赛，获得冠军 1 项、二等奖 2 项、三等奖 26 项。如图 3－5－2～图 3－5－4 所示。

图 3－5－2　陕西工业职业技术学院学生在第三届蓝桥杯国际编程赛斩获二等奖

图 3－5－3　陕西交通职业技术学院学生获 VEX 机器人世锦赛对抗联赛冠军

图 3－5－4　西安航空职业技术学院学生在"2019 年'一带一路'
暨金砖国家焊接技能大赛"中获团体银奖

六、政策保障

（一）加强顶层设计

陕西省围绕《国家职业教育改革实施方案》，以促进就业为导向，以专业建设、课程改革为核心，以改革发展为动力，以提升院校内涵、增强办学活力、提高人才培养质量为目标，瞄准"双高计划""1＋X"证书、高职扩招、"三教改革""产教融合""互联网＋""精准扶贫"等重大国家战略，全面推进高职优质资源建设，加强技术技能积累，完善质量保障机制，提升思想政治教育质量。

面对高职教育发展新形势，陕西省委、省政府召开全省教育大会，明确了职教发展的方向和要求，坚持以分类指导、项目承接、动态调整为原则，推动重点院校和专业建设，结合实际创造性地抓落实；召开全省深化职教改革座谈会，确定了职教改革的具体路径；省政府办公厅颁发《陕西省关于深化产教融合的实施意见》（陕政办发〔2019〕26 号），确定了"项目＋金融＋税收＋财政＋土地＋信用"的企业激励政策；省政府印发《陕西省职业教育改革实施方案》（陕政发〔2019〕18 号），确定了"调结构、提质量、强师资、建体系"的总体思想和工作措施。

（二）完善教学工作诊断与改进制度

陕西省对全省 37 所高职院校的"一校一策"进行巡视诊断，摸清"家底"，出台深化高教综合改革的系列措施。在省级巡视诊断基础上，落实高职院校内部质量保证体系诊断与改进工作，成立省级诊改工作专家委员会，建立督促检查机制。自陕西工业职业技术学院、陕西铁路工程职业技术学院、陕西交通职业技术学院 3 所院校率先通过国家复核以来，到 2019 年年底，32 所高职院校全部复核有效，按计划实现了陕西高职院校教学诊改工作的全覆盖。

（三）推进放、管、服改革

陕西省先后出台《关于鼓励社会力量兴办教育促进民办教育健康发展的实施意见》（陕政发〔2018〕2 号）、《关于全面深化新时代教师队伍建设改革的实施意见》（陕发〔2019〕5 号）等文件，形成了一整套深化教育"放管服"改革的"组合拳"，不断推进教育治理现代化。

实施人才强校战略，建立和完善专业技术职务评聘与岗位聘用相结合的用人制度，在调整 5 000 个编制补充教师岗位的同时，全面实施高校人事代理制度，扩大高校人事自主权；支持高校在核定岗位范围内自主聘用教师，深化人事分配制度改革；实施"高职院校能工巧匠特聘计划"，吸引能工巧匠进校园、进课堂；实施"教学名师引领计划"，健全名师"培养—选拔—应用"工作机制，加强基层教学组织建设。

在师资队伍和实训基地建设、专业和课程改革、教学评价、混合所有制二级学院等方面，建立行业人力资源需求预测、就业形势分析、专业预警定期发布制度；引导高职院校面向社会开展职业技能培训活动，为劳动者终身学习提供周到、优质的服务。

七、挑战与展望

（一）存在问题

1. 行业企业参与高职教育能力不足

由于我省产业发展水平有限，新旧动能转换振荡较大，故行业企业参与职业教育的动力和能力都有所不足。

2. 高等职业教育体系建设亟待完善

中、高、本衔接通而不畅，缺乏接续培养技术技能人才的机制，不同学段之间的相互支撑不够。

3. 省内高职教育自身发展不均衡

高职院校发展两极分化明显，部分学校内涵建设跟不上，办学特色不明，培养质量不高，服务经济社会发展的能力不强，招生就业困难，面临生存危机。

（二）创新发展

1. 坚持立德树人，强化思政教育

落实《陕西省高等学校思想政治工作质量提升实施意见》，引导支持高职院校切实抓好思政课建设，要结合职教特点，深化"三教"改革，构建"思政课程"与"课程思政"大格局，弘扬劳模精神、工匠精神，增强思政教育的亲和力和针对性。

2. 坚持产教融合，强化发展根基

落实激励政策，激发企业参与职业教育的内生动力，培育产教融合型企业、产教融合型区域；优化学校和专业布局，鼓励校企共同建专业，新增专业原则上必须有企业的实质性参与；对应我省支柱产业，组建行业教学指导委员会，促进供需两侧契合对应，形成校企命运共同体；建立校企协同育人机制，支持"厂中校""校中厂"的合作模式，支持"3＋2"双元学习、工学交替的现代学徒制培养模式，将企业生产要素转化为教育教学资源。

3. 坚持分类指导，强化优势特色

全力支持"双高计划"院校建设，协调落实配套资金，在关键政策上给予突破，"一校一策"解决制约发展的瓶颈问题；开展省级"双高计划"建设，实行绩效评价、动态管理，错位发展，形成梯队；推动市属高职院校发展，完善体制机制，激发办学活力，找准定位与抓手，形成独特优势；支持多元办学，帮助企办、民办高职协调解决发展中的难

题；支持本科层次职业院校开展探索，积累经验。

4. 坚持"三教"改革，强化内涵建设

推进教师、教材、教法改革，根据市场变化每年调整专业、3 年修订 1 次教材，实践性教学课时达到总课时的 50% 以上，顶岗实习 6 个月；加强"双师型"教师队伍建设，改革教师准入制度，专业教师原则上从具有 3 年以上企业工作经历并具有高职以上学历的人员中公开招聘；健全学校自主聘任兼职教师的办法，推动企业工程技术人员、高技能人才和职业院校教师双向流动，教师每年至少 1 个月在企业或实训基地实训，每 5 年一周期全员轮训；培养教学名师和创新团队，发挥传帮带作用；改革职称评审制度，体现职业教育特点、技术技能水平、教书育人实绩，树立导向；推进"1 + X"证书制度试点，为人才持续成长拓宽通道。

八、附表

附表 1　计分卡

序号	指标	单位	2018 年	2019 年
1	就业率	%	88.00	93.10
2	月收入	元	3 548	3 534.49
3	理工农医类专业相关度	%	89	82.64
4	母校满意度	%	92	95.63
5	自主创业比例	%	1.92	2.14
6	雇主满意度	%	94.89	94.89
7	毕业三年职位晋升比例	%	39.26	46.57

附表 2　学生反馈表

序号	指标		单位	一年级	二年级	备注
1	全日制在校生人数		人	67 870	98 063	
2	教书育人满意度		/	/	/	
	（1）课堂育人	调研人次	人次	61 352	70 541	
		满意度	%	97.76	98.21	
	（2）课外育人	调研人次	人次	41 247	39 421	
		满意度	%	95.29	96.16	
3	课程教学满意度		/	/	/	
	（1）思想政治课	调研课次	课次	1 206	1 154	
		满意度	%	94.16	95.88	
	（2）公共基础课（不含思想政治课）	调研课次	课次	13 172	9 132	
		满意度	%	93.21	94.78	
	（3）专业课教学	调研课次	课次	10 254	11 895	
		满意度	%	95.69	94.99	
4	管理和服务工作满意度		/	/	/	
	（1）学生工作	调研人次	人次	28 431	31 138	
		满意度	%	92.50	91.47	
	（2）教学管理	调研人次	人次	27 549	32 642	
		满意度	%	93.57	93.41	
	（3）后勤服务	调研人次	人次	27 468	32 634	
		满意度	%	86.86	87.43	

续表

序号	指标		单位	一年级	二年级	备注
5	学生参与志愿者活动时间		人·日	462 145	324 794	
6	学生社团参与度		/	/	/	
	（1）	学生社团数	个	1 335	1 316	
		其中：科技社团数	/	183	220	
	（2）	参与各社团的学生人数	人	50 387	51 195	
		其中：科技社团学生人数	人	9 355	6 322	

附表3　资源表

序号	指标		单位	2018 年	2019 年
1	生师比		/	15.25	14.35
2	双师素质专任教师比例		%	49.08	48.53
3	高级专业技术职务专任教师比例		%	29.62	29.63
4	生均教学科研仪器设备值		元/生	12 912.84	18 474.72
5	生均教学及辅助、行政办公用房面积		平方米/生	20.78	20.98
6	生均校内实践教学工位数		个/生	0.48	0.51
7	地市级以上科技平台数		个	49	68
8	教学计划内课程总数		门	26 161	27 113
	其中：	线上开设课程数	门	3 110	3 328
		线上课程课均学生数	人	895	1 350

学校类别（单选）：

综合、师范、民族院校（　　）

工科、农、林院校（　　）

医学院校（　　）

语文、财经、政法院校（　　）

体育院校（　　）

艺术院校（　　）

附表 4 国际影响表

序号	指标	单位	2018 年	2019 年	备注
1	国（境）外人员培训量	人·日	58 308	71 458	／
2	在校生服务"走出去"企业国（境）外实习时间	人·日	7 956	13 270	／
3	专任教师赴国（境）外指导和开展培训时间	人·日	5 366	6 751	／
4	在国（境）外组织担任职务的专任教师人数	人	35	42	张晓云在世界职业院校联盟担任委员会委员；约翰·斯密斯（外教）在世界职业院校联盟绿色校园担任委员会委员；秦景俊在联合国教科文组织 UNEVOC 中心院担任校联络员；郑琳靖、康杨杨在俄罗斯符拉迪沃斯托克市"太平洋地区国际旅游联盟"担任协调员；田昊在中赞职业技术学院担任董事会董事；赵明威在中赞职业技术学院机械制造分院担任院长；张文亭在中赞职业技术学院担任实训中心主任；辛旗在东南亚教育部长组织职业技术教育与培训区域中心担任校委员会协调员；斯黛菲（外教）在东南亚职业院校创意训练营担任指导委员会委员；王永莲在陕西工业职业技术学院赞比亚商学院担任院长；杨华、袁丰华、钟敏维、胡蓉 4 人在俄罗斯太平洋地区服装设计类大学联盟委员会分别担任委员；滕威在土耳其孔子学院担任汉语教师；张武雯在韩国担任志愿者；黄珊珊被国家留学基金委选派至德国担任访问学者；王周锁、张振仓、郑爱泉、杜斌在哈萨克斯坦杨凌职业技术学院现代农业技术培训中心担任专业技术培训教师；安学武在俄罗斯"伏尔加河流域交通学报"担任编辑职务；王闯在荷兰 Elsevier 担任审稿人；李运通在美国数学学会"数学评论"担任评论员；王津、王闯、庞旭卿被俄罗斯萨马拉国立交通大学聘为兼职教授；蔡昱、李晓燕被俄罗斯萨马拉国立交通大学聘为兼职副教授

续表

序号	指标	单位	2018 年	2019 年	备注
5	开发并被国（境）外采用的专业教学标准数	个	14	26	机械制造与自动化专业教学标准（1 个）被赞比亚、刚果（金）职教委采用，进入两国国民教育体系；服装设计专业教学标准（1 个）被波兰 MSKPU 服装设计学校、俄罗斯符拉迪沃斯托克国立经济与服务大学附属职业院校采用；跨境电子商务专业教学标准（1 个）被中国赞比亚职业技术学院、尼日利亚职业院校采用；软件技术专业教学标准（1 个）被印尼、孟加拉国职业院校采用；酒店管理专业标准（1 个）被印尼、加纳职业院校采用；焊接技术专业教学标准（1 个）被尼日利亚、加纳国家职业院校采用；铁路工务、通信、信号和供电、运输、调车及铁路工程项目管理 7 个专业的教学标准和 55 门课程标准被肯尼亚 RTI 铁路培训学院、俄罗斯萨马拉国立交通大学和菲律宾国家铁路局认可采用；SGAVE 人才培养方案被德国认可；开发的机电一体化、机械制造与自动化专业教学标准被俄罗斯阿穆尔共青城国立大学、巴基斯坦无线工程学院采用；学院开发的"建筑工程技术"专业标准中的"建筑工程施工技术""钢结构施工技术"2 门课程标准分别被英国威根雷学院和柬埔寨帕拉贡国际大学采用；学院开发的"园艺技术"专业标准的"园艺植物病虫害防治""园艺植物育种"2 门课程标准分别被荷兰朗蒂斯教育集团和柬埔寨帕拉贡国际大学采用；信息管理、图形图像制作、工商企业管理、市场营销、物流管理（5 个）专业教学标准被美国上爱荷华大学、新西兰怀卡托理工学院采用；PLC 技术、计算机基础、工程绘图、机械原理、电气电子技术、机械制造技术、液压技术、设备维护、企业生产管理、创新创业、电工技术、基础电磁学、工程力学、工业汉语（14 个）课程标准被赞比亚、刚果（金）职业院校采用；服装制版与工艺、中国传统艺术文化、中国服装史、服装传统工艺、旗袍设计与制作、汉服设计与制作（6 个）课程标准被俄罗斯、波兰职业院校采用；旅游汉语（1 个）课程标准被孟加拉国、印尼职业院校采用；电子商务基础、基础会计、现代营销、艺术设计基础（4 个）课程标准被美国上爱荷华大学、新西兰怀卡托理工学院采用；SGAVE 人才培养方案被德国认可
	开发并被国（境）外采用的课程标准数	个	57	102	

续表

序号	指标	单位	2018 年	2019 年	备注
6	国（境）外技能大赛获奖数量	项	78	39	学生吕卓权在美国 2019VEX 机器人世界锦标赛获得冠军；赵瑞在 2019 蓝桥杯大学生计算机编程国际赛获二等奖；王金彪在 2019 蓝桥杯大学生计算机编程国际赛获三等奖；陈锦云、霍丽娟在第 26 届"皮克马里翁杯"国际青年服装设计师大赛获得优秀奖；郭美琪、杨晨、孙艳、黄志恒、朱思玉、赵英、朱柳、胡荣嘉、董雨、蔡芮、闫芳萍、杨欣梅在第四届东南亚创意训练营"现代旅游网络推广赛"获优秀奖；陈玉霞、王侠、任叶叶、冯成悦、任春彦、司茜茜在太平洋地区国际旅游者论坛"探讨东西方现代旅游业发展模式"竞赛获三等奖；杨华在第 26 届"皮克马里翁杯"国际青年服装设计师大赛获优秀设计师奖；白瑞擎、高灵芝、刘驰在美国大学生数学建模竞赛获三等奖；徐欣、许孝伟、唐钲斐在美国大学生数学建模竞赛获二等奖；李博、李腾、赵远在美国大学生数学建模竞赛获三等奖；代超峰、张昭、刘思潮在美国大学生数学建模竞赛获三等奖；李宏伟、马宇飞、苏楠在美国大学生数学建模竞赛获三等奖；李飞、李哲、王喜龙在美国大学生数学建模竞赛获三等奖；王朝阳在 2019 年"一带一路"暨金砖国家技能发展与技术创新大赛钨极氩弧焊赛项获三等奖；常成良在 2019 年"一带一路"暨金砖国家技能发展与技术创新大赛焊条电弧焊赛项获三等奖；西安航空职业技术学院在 2019 年"一带一路"暨金砖国家技能发展与技术创新大赛获团体银奖；留学生季马、尼基塔、斯达斯在世界互联＋大赛获铜奖；在第二届海峡两岸大学生舞蹈大赛中，杨旭带领学生完成的原创的汉唐古典舞《蒹葭》荣获表演银奖、创作铜奖；贺斌摄影作品《妖》在中国香港第九届全国摄影艺术展获铜奖；教师贺斌摄影作品《家 1 － Home》在第四届狮城国际摄影展获 PSS 勋带奖；教师贺斌摄影作品《水墨情深 5 － inky5》在第 2019 年美国纽约国际摄影展获 NYPA 铜牌

续表

序号	指标	单位	2018 年	2019 年	备注
7	国（境）外办学点数量	所	1	4	2019 年在赞比亚设立中国赞比亚职业技术学院机械制造与自动化分院；2019 年在赞比亚设立陕西工业职业技术学院赞比亚商学院；2018 年在哈萨克斯坦设立哈萨克斯坦杨凌职业技术学院现代农业技术培训中心；2019 年 4 月在泰国设立中泰轨道交通学院

附表 5　服务贡献表

序号	指标			单位	2018 年	2019 年
1	全日制在校生人数			人	300 023	291 614
	毕业生人数			人	106 305	103 739
	其中：就业人数			人	87 383	87 200
	毕业生就业去向			/	/	/
	A 类：留在当地就业人数			人	70 000	54 972
	B 类：到西部地区和东北地区就业人数			人	82 138	65 403
	C 类：到中小微企业等基层服务人数			人	63 427	52 559
	D 类：到 500 强企业就业人数			人	29 607	20 460
2	技术服务到款额			万元	13 026.64	8 753.04
	技术服务产生的经济效益			万元	20 372.92	82 131.21
3	纵向科研经费到款额			万元	3 152	7 762.52
4	技术交易到款额			万元	1 169.67	1 342.10
5	非学历培训服务			人·日	1 571 652	1 814 471
	其中：	技术技能培训服务		人·日	1 117 124	1 301 619
		新型职业农民培训服务		人·日	25 838	29 582
		退役军人培训服务		人·日	127 221	128 954
		基层社会服务人员培训服务		人·日	35 169	43 398
6	非学历培训到款额			万元	15 217.89	32 649.64

附表 6　落实政策表

序号	指标		单位	2018 年	2019 年
1	年生均财政拨款水平		元	10 422.23	11 196.69
	其中：年生均财政专项经费		元	4 001.54	4 591.88
2	教职员工额定编制数		人	16 791	14 215
	在岗教职员工总数		人	21 704	15 500
	其中：	专任教师总数	人	13 631	14 049
		专任教师年培训量	人·日	10 986	10 686
3	企业提供的校内实践教学设备值		万元	5 606.9	8 262.99
4	年生均校外实训基地实习时间		人·时	39 674	59 906
5	生均企业实习经费补贴		元	315.96	322.03
	其中：生均财政专项补贴		元	47.05	74.46
6	生均企业实习责任保险补贴		元	39.98	30.68
	其中：生均财政专项补贴		元	5.03	6.83
7	企业兼职教师年课时总量		课时	762 402	19 017
	年支付企业兼职教师课酬		元	1 219 057.24	1 291 864.90
	其中：财政专项补贴		元	106 251.63	29 513.04

陕西高等职业教育质量年度报告
（2021 年）

一、基本情况

陕西高职院校各类全日制在校生 34.89 万人，较 2020 年 31.91 万人上升 2.98 万人，居全国第 18 位；校均 9 968.4 人，较 2020 年 8 181.67 人上升 1 786.73 人，居全国第 5 位；专任教师 15 480 人，校均 442.29 人；全日制招生 14.94 万人（不含扩招部分），较 2020 年增长 0.95 万人，毕业 9.2 万人，较 2020 年下降 0.2 万人。

（一）院校分布

陕西省 40 所高职院校，平均每百万人口 1.01 所，居全国第 22 位；职业教育本科试点院校 2 所，平均每百万人口 0.05 所，居全国第 5 位。所有院校分布在全省 10 个地市（全覆盖），其中省会城市西安市较为集中，共有 18 所，占比 45%；其他各地市分别为咸阳市 7 所，宝鸡市 4 所，榆林市 3 所，渭南市、汉中市各 2 所，铜川市、延安市、商洛市、安康市各 1 所，如图 4-1-1 所示。

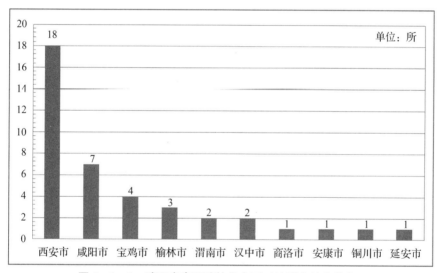

图 4-1-1　陕西省高职院校分布图（按所在地市分布）

（二）院校类型

按办学性质划分：公办院校 29 所，占 72.5%；民办院校 11 所，占 27.5%，如图 4-1-2 所示。

按办学主体分类：省教育厅直属院校 16 所，占 40%；市属院校 12 所，占 30%；社会资本举办的民办院校 10 所，占 25%；行业和政府其他部门办学 2 所，占 5%，如图 4-1-3 所示。

按"双高计划"建设类型分类：国家"双高计划"高水平院校建设单位 4 所，国家"双高计划"高水平专业群建设单位 4 所，各占 10%。

按示范性分类：国家示范院校 3 所，国家骨干院校 3 所，各占 7.5%；省级示范院校 12 所，占 30%。

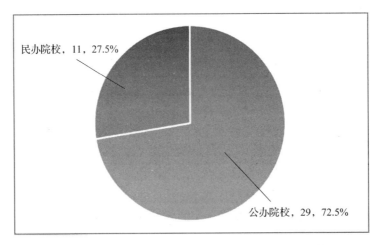

图 4 - 1 - 2 陕西省高职院校分布图 (按办学性质分类)

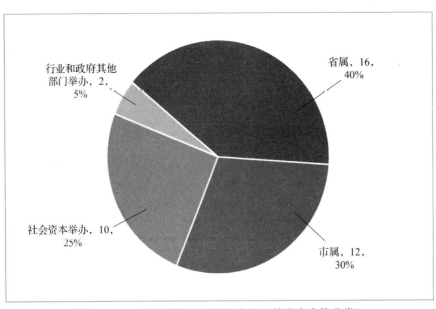

图 4 - 1 - 3 陕西省高职院校分布图 (按举办主体分类)

按院校类型分类：综合院校 16 所，占 40 %；理工院校 15 所，占 37.5 %；财经院校 5 所，占 12.5 %；农业院校、医药院校、政法院校、艺术院校各 1 所，分别占 2.5 %，如图 4 - 1 - 4 所示。

(三) 在校生规模

陕西高职院校全日制在校生 34.89 万人，其中，高中起点在校生 25.33 万人；中职起点在校生 3.54 万人，较 2020 年 3.47 万人上升 0.07 万人。在 8 所"双高"院校开展的本科层次职业教育改革试点培养中，共计招生 635 人，与 2020 年持平。

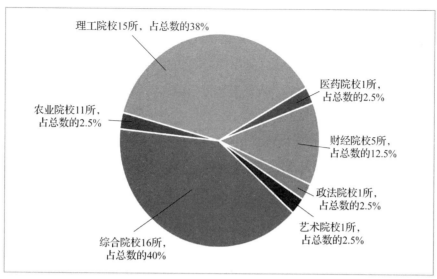

图 4 - 1 - 4　陕西省高职院校分布图（按院校类型分类）

（四）办学资源

陕西高职院校基本办学资源和检测办学资源指标均达到国家合格标准，见表 4 - 1 - 1。

表 4 - 1 - 1　陕西高职院校办学基本条件一览表

序号	指标名称	单位	2020 年	2021 年	合格指标
1	生师比	/	13.87	16.91	18
2	具有研究生学位教师占专任教师的比例	%	54.95	52.26	15
3	生均教学行政用房	平方米/生	18.99	20.68	16
4	生均教学科研仪器设备值	元/生	12 404.16	13 293.20	4 000
5	生均图书	册/生	91.84	83.56	60
6	具有高级职务教师占专任教师的比例	%	32.60	31.09	20
7	生均占地面积	平方米/生	86.15	80.56	59
8	生均宿舍面积	平方米/生	11.83	10.00	6.5
9	百名学生配教学用计算机数	台	28.41	25.40	10
10	新增科研仪器设备所占比例	%	12.73	11.52	10
11	生均年进书量	册	4.40	2.55	2

二、学生发展

（一）招生情况

陕西高职院校招生工作始终围绕国家深化考试招生制度改革进行。2021 年 9 月，根据党中央、国务院工作部署和教育部办公厅等六部门发布的《关于做好 2021 年高职扩招专项工作的通知》（教职成厅〔2021〕9 号）文件，陕西制定了《陕西省 2021 年高职扩招专项工作实施方案》，有力地保障了陕西省 2021 年高职扩招工作的顺利进行。

面对新型冠状病毒感染、高考综合改革、生源结构调整等方面带来的种种考验，全省各高职院校积极应对、多措并举、持续发力，开展招生工作。在稳定招生规模的同时，生源质量提升趋势明显。目前，各高职院校分类考试录取学生数已经达到总招生录取人数的 50% 以上。

案例 2 - 1 精准发力、明确目标，打造线上线下招生宣传工作主阵地

陕西工业职业技术学院克服新型冠状病毒感染防控的不利因素，积极动员开展常态化招生宣传工作，联合各二级学院组织"走出去、迎进来"活动，把高职的前沿课程带进生源学校，让考生提前了解专业发展方向；把考生请进学校，体验高职课程，提前稳定各专业招生规模，如图 4 - 2 - 1 所示。在此期间，通过学校官网、微信公众号和视频号平台发布相关招生信息 60 余篇，浏览量超过 30 余万次；共开展网络直播观校活动 15 场，同时在线人数超过 10 万人；实地走访高中、中职生源学校 380 余家，为考生提供咨询服务；组织法门中学、斗鸡中学、陕西石油化工学校、陕西建筑材料工业学校等 6 所重点生源学校，共计千余名意向考生进校园活动等，取得了良好的社会反响和招生效果。

图 4 - 2 - 1 陕西工业职业技术学院线上线下招生宣传

图 4 – 2 – 1　陕西工业职业技术学院线上线下招生宣传（续）

（二）职业素养

1. 加强党史教育、推进三全育人

陕西高职院校持续加强对学生的思想品德教育和党史教育。各高职院校组织学生学习党史、习近平总书记"七一"重要讲话精神，通过"红色故事会""我为师生办实事""百年党史青年说""诵读党史经典，传承红色基因""观看党史电影"等系列活动，对学生开展党史学习教育，推动党史教育深入人心；为深入推进"三全育人"工作，各高校还开展红色文化育人工程，以红色精神入脑入心，实施育人计划，构建"三全育人"格局；通过组织诵读党史文章、革命散文、红色家书，开展师生自编、自导、自演红色情景剧、校园歌剧和红色音乐会及讲述红色故事等活动加强党建引领、发挥党建领航作用，更好地传承革命精神。

案例 2 – 2　庆祝建党 100 周年主题歌会《唱支歌儿给党听》震撼上演

陕西工业职业技术学院庆祝中国共产党成立 100 周年主题歌会暨大型艺术党课《唱支歌儿给党听》在图书馆广场精彩上演。本次党课"以史论歌，以歌叙史"，由红船起航、万里长征、红色延安、抗日救国、人民解放、抗美援朝、建设祖国、改革开放、伟大复兴九个篇章组成，将中国共产党百年历程与学校发展相结合，融红色音乐、红色诵读、红色舞蹈、红色戏剧于一体，在课程设置、内容编排、艺术表现等各个方面都进行了大胆创新，是一次德育与美育、党史教育与艺术教育有机结合的有益尝试。活动现场 5 000 余名师生及党员代表齐聚一堂，重温入党誓词，回首党的光辉历程，兴致盎然地接受了一场思想洗礼和党性淬炼。

案例 2 - 3 提升师生"六感",深入开展"我为群众办实事"实践活动

陕西铁路工程职业技术学院深入开展"我为群众办实事"实践活动,深化党史学习教育,如图 4 - 2 - 2 所示。一是深入一线走访调研,提升师生责任感、使命感;二是聚焦师生能力提升与服务,提升师生获得感、幸福感;三是加强宣传教育,提升师生自豪感和价值感。自党史学习教育开展以来,学校将"我为群众办实事"实践活动作为重要抓手,印发《关于开展"我为群众办事"师生意见征集活动的通知》等文件,认真落实上级的重要部署和要求。师生以强烈的责任感使命感建言献策,梳理编制"我为群众办实事"项目清单,形成长效机制,着力推动问题逐项落实解决;充分利用宣传栏、电子屏及悬挂宣传语等形式宣传"我为群众办实事"实践活动,营造出浓厚氛围;用好"线上宣传阵地",通过党史实习教育专题网站、官方微信、微博、微视频深入宣传报道"我为群众办实事"系列实践活动;通过主题班会、师生座谈会、支部会等与"我为群众办实事"主题融合,不断传递师生践行社会主义核心价值观的正能量。

图 4 - 2 - 2 陕西铁路工程职业技术学院深入开展"我为群众办实事"实践活动

案例 2 - 4 强国有我、不负韶华——千名学子青春绽放全运会开幕式

中华人民共和国第十四届运动会开幕式在西安奥体中心体育场举行,中共中央总书记、国家主席、中央军委主席习近平出席开幕式并宣布运动会开幕。在开幕表演中,有 1 100 余名陕西国防工业职业技术学院学子用青春助力十四运会,参演第二篇章《延安魂》的国防学子们,青春如歌如鼓,在全运开幕式中铿锵绽放,如图 4 - 2 - 3 所示。

全运会是陕西百年一遇盛事,既是展现学校、学子风貌的机会,更是培养学生爱国精神、磨炼学生意志,培养学生品德的难得机遇。刻苦训练 80 多天,流汗流血不流泪,千余名国防学子和带队老师放弃暑假休息,除了在学校排练,还要到西安十四运会主场馆合排、联排。尤其是 8 月下旬,西安接连下发暴雨蓝色预警,但由于训练需要,千余名学生群演连续多日凌晨 5 点才从奥体中心返回,带队教师在雨中详细地清点着学生人数,时时刻刻为每一位学生负责,在冰冷的雨水中坚持着,等待最后一名学生上车。

图 4-2-3　陕西国防工业职业技术学院千名学子于全运会开幕式激情演绎《延安魂》

开幕式上，学生完美演绎了第二篇章《延安魂》，展现了新时代国防学子良好的精神风貌。国防学子发扬了敬业奉献、追求卓越的精神，用最好的精气神和最精彩的表演沸腾十四运会开幕式的大舞台，以完美的演出向党和人民提交了满意的答卷，以舞动的红绸、激扬的青春震撼全场，展现了国防学院风采。这次的演练活动，对学生是磨砺，也是难得的成长机会，在未来的学习、工作、生活的舞台，必将助力他们绽放出更加璀璨的光芒。

案例2-5　红色文化与校园环境交相辉映——"红苑"

延安职业技术学院的"红苑"由中国共产党精神谱系、延安精神原生形态、学校办学理念和特色育人四部分组成，如图4-2-4所示。其中延安精神原生形态主要是延安时期形成的抗大精神、白求恩精神、延安整风精神、南泥湾精神、延安县同志们的精神、张思德精神、延安劳模精神和愚公移山精神8种精神，这8种原生态精神是延安精神的生动体现。

图 4-2-4　延安职业技术学院的"红苑"

2. 传承"工匠精神"、弘扬"劳模精神"

陕西各高职院校根据《教育部 财政部关于实施职业院校教师素质提高计划（2021—2025 年）的通知》（教师函〔2021〕6 号）文件中习近平总书记关于职业教育的重要指示批示"铸魂育人"，推进理想信念教育常态化，大力弘扬职业精神、工匠精神和劳模精神。积极实施工匠精神传承计划，构建学生职业素质发展培育体系；设立工匠精神融媒体宣传专题，实施知名企业家、杰出校友、技能大师典型引路工程，邀请大国工匠、能工巧匠进校园开展授课、学术报告和专题讲座，形成全方位的"工匠精神"培育和传承格局，培养学生创新精神、精益求精的职业态度和敬业精神。

案例 2-6 技能报国心向党，匠心筑梦致青春

陕西工业职业技术学院深入贯彻习近平总书记关于职业教育的重要指示，"红色工业淬匠心"实践团通过线上问卷，深入了解青年学生传承工匠精神、劳模精神现状，依托宝鸡凤县等地区丰富的红色工业资源，围绕"五个打造"层层推进，打造"明理"课堂，坚定职业信念；探寻工合宝成历史，淬炼红色匠心。打造"增信"课堂，树立职业目标；访谈能工巧匠，烙印红色基因。打造"崇德"课堂，培养职业精神操守；投身志愿服务，技能筑梦青春。打造"力行"课堂，提升职业技能；深入一线企业，熔铸强国力量。打造"强能"课堂，指明职业方向。实践团先后被教育部与成人教育司官方微信职教之音、中国青年网、中国共青团杂志报道 10 余次，获评 2021 全国大学生"千校千项"网络展示活动"团队风采"荣誉称号、陕西高校暑期社会实践人气资讯奖等。如图 4-2-5 所示。

图 4-2-5 陕西工业职业技术学院"红色工业淬匠心"实践团

案例2-7 工匠精神：传承匠心手艺、培养能工巧匠

2019年杨凌职业技术学院吴文军技能大师工作室成立，由陕西省工艺美术大师吴文军担任工作室主持人，主要面向建筑室内设计专业、环境艺术设计专业开设"雕刻"课程，以及向其他专业学生开设"木雕制作"公共劳动实践课。

在传技授艺时，吴文军非常注重工匠精神的传承。他要求学生首先从思想上认真对待木雕制作，认识到一件巧夺天工的作品是经过千锤百炼制作出来的。制作中，他以身示范，一步步仔细向学生教授画、刻、磨等木雕技法，传承精益求精、一丝不苟的精神。通过吴文军的言传身教，学生们不但学习了如何制作木雕，也传承了工匠精神。很多学生还利用课后时间在工作室制作木雕工艺品，有的学生一坚持就是3~4个小时，对细节反复斟酌、精心打磨。由吴文军协助指导的王亚辉同学制作的"匠"木制品在国家林业和草原局主办的第四届全国林草行业技能大赛上获奖，受到评委一致的好评。如图4-2-6所示。

图4-2-6 吴文军传承木雕技艺并指导学生荣获全国林草行业技能大赛三等奖

案例2-8 陕西航空职业技术学院聘任41位技术技能专家

2021年3月12日下午，陕西航空职业技术学院举行特级顾问聘任仪式，国家级突出贡献专家、"航空报国"金奖获得者、运-8及空警200飞机总设计师欧阳绍修受聘为我院特级顾问。如图4-2-7所示。

图4-2-7 陕西航空职业技术学院聘任41位技术技能专家

3. 文化育人

陕西各高职院校通过建设校园景观地标、举办师生大型歌咏比赛、建校周年庆典大会等活动文化点亮校园，深层次挖掘校园文化内涵，加强新时代校园文化建设，提升文化品牌建设水平，切实增强教育感染力，打造充满生机与活力的魅力高职，推动校园文化建设再上新台阶。

案例 2 – 9　机床文化园，打造美丽校园景观

2020 年 11 月 11 日上午，陕西工业职业技术学院举行机床文化园揭幕仪式，如图 4 – 2 – 8 所示。陕西工业职业技术学院机床文化园共展出了各年代、不同类型的机床32 台（套），是学校深化"办有灵魂的教育，建有品位的学校，创有境界的文化，育有底气的人才"办学理念的创新举措，也是打造一场、一馆、一廊、一园、一港、一空间、一苑"七个一"特色文化育人平台的重要一环，更是学校对"红色匠心"文化育人实践的再一次升华，机床文化园已成为校园文化新地标，在激发师生文化自信、爱国爱校情怀，提升大学文化的凝聚力与软实力等方面发挥积极的作用。

图 4 – 2 – 8　陕西工业职业技术学院机床文化园揭幕仪式

案例 2 – 10　"三进一促"礼仪提升工程

"人无礼则不生，事无礼则不成，国无礼则不宁。"陕西能源职业技术学院护理学院秉持"三全育人"理念，积极培育文化品牌，聚焦学院专业，将礼仪形象、礼仪养成视为护士从业的基本职业素养，并立足传承中华文明礼仪、传播文明之花的时代重任，凝练出"传礼仪文化、展护士风采"——"三进一促"护生职业礼仪提升工程"一院一品"校园文化活动品牌。如图 4 – 2 – 9 所示。

案例 2 – 11　奋力奔跑追梦人　陕西工人先锋号——西航职院航空制造工程学院被授予"陕西省工人先锋号"

2021 年 4 月，陕西省总工会发布《陕西省总工会关于表彰 2021 年陕西省五一劳动奖和陕西省工人先锋的决定》（陕工发〔2021〕12 号），西安航空职业技术学院航空制造工程学院被授予陕西省"工人先锋号"荣誉称号，如图 4 – 2 – 10 所示。

高校	成果名称
安康学院	"艺"起抗疫 "艺"齐筑梦
陕西能源职业技术学院	传礼仪文化 展护士风采——陕西能源职业技术学院开展"三进一促"护生职业礼仪服务工程
西安欧亚学院	创新发展志愿服务工作 培育和践行社会主义核心价值观
陕西服装工程学院	问渠哪得清如许 为有源头活水来——陕西服装工程学院文化育人工作纪实
渭南师范学院	聚创音乐醒生命 艺术思政溢实效——渭南师范学院"艺术思政·聚创音乐作品"育人铸魂探索
西安工业大学	文化强兵工魂 青春书瑞图志
杨凌职业技术学院	高职院校劳动教育路径的探索与实践——杨凌职业技术学院校园文化的创新与实践
西安外事学院	老子学院，弘扬传统文化 传承民族精神
西安翻译学院	服膺爱国爱心心 共筑疫情防控之魂——西安翻译学院使命担当深化文化育人

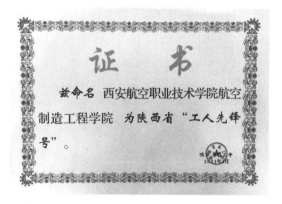

图 4-2-9 陕西能源职业技术学院获省高校校园文化建设优秀成果三等奖

高校	成果名称
安康学院	"艺"起抗疫 "艺"齐筑梦
陕西能源职业技术学院	传礼仪文化 展护士风采——陕西能源职业技术学院开展"三进一促"护生职业礼仪提升工程
西安欧亚学院	创新发展志愿服务工作 培育和践行社会主义核心价值观
陕西服装工程学院	问渠哪得清如许 为有源头活水来——陕西服装工程学院文化育人工作纪实
渭南师范学院	聚创音乐醒生命 艺术思政溢实效——渭南师范学院"艺术思政·聚创音乐作品"育人铸魂探索
西安工业大学	文化强兵工魂 青春书瑞图志
杨凌职业技术学院	高职院校劳动教育路径的探索与实践——杨凌职业技术学院校园文化的创新与实践
西安外事学院	老子学院，弘扬传统文化 传承民族精神
西安翻译学院	服膺爱国爱心心 共筑疫情防控之魂——西安翻译学院使命担当深化文化育人

图 4-2-10 西安航空职业技术学院航空制造工程学院被授予陕西省"工人先锋号"

（三）就业质量

陕西各高职院校积极落实党中央、国务院及陕西省委、省政府、教育厅"六稳""六保"决策部署，克服疫情影响，纷纷建立并实施多种灵活的就业工作机制，以促进学生充分就业、优质就业为目标，扎实推进就业工作，采取"线上+线下"相结合的方式，多措并举促进毕业生就业，在线下推出校园双选会、专场招聘会等为毕业生和用人单位搭建平台，在线上畅通各类就业渠道，及时精准推送就业信息，全方位保障2021届学生的就业工作。

截至2021年8月31日，陕西高职院校毕业生人数为93 116人，就业率为89.80%，比2020年增长5.09%，如图4-2-11所示。其中，留在当地就业49 492人，到西部地区和东北地区就业60 474人，到500强企业就业13 194人，到中小微企业等基层服务48 650人，理工农医类专业相关度达77.29%，应届毕业生平均月收入3 671元，对母校满意度95.50%，雇主满意度94.85%，总体满意度高。

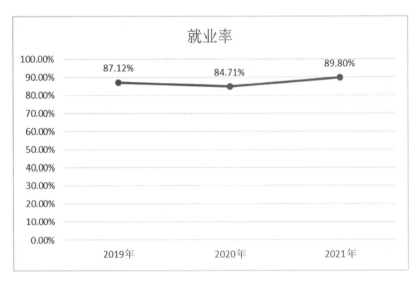

图4-2-11   陕西高职院校近三年（2019—2021年）就业率

案例2-12   陕西工业职业技术学院党委书记惠朝阳赴宁夏、内蒙古陕北进行企业调研

为推进毕业生更高质量就业，服务高端产业，助力"双高"建设，7月28日至8月1日，陕西工业职业技术学院党委书记惠朝阳带领就业处、校企合作处、机械工程学院、化工与纺织服装学院部门负责人一行赴内蒙古、陕北开展企业走访调研。

调研中，惠朝阳同志一行先后走访了内蒙古益泽制药有限公司、内蒙古乌海化工有限公司、鄂尔多斯电力冶金集团化工有限公司、内蒙古聚实能源有限公司、内蒙古联邦制药、内蒙古阿拉善盟高新技术产业开发区、陕西延长中煤榆林能源化工有限公司、陕西有色天宏瑞科硅材料有限责任公司和靖边县化工园区等企业和工业园区，看望了在企业就业的毕业生，了解他们的工作、生活状况，征询他们对学校人才培养的意见建议，勉励毕业生不忘初心、努力奋斗，在祖国西部的大地上展示青春风采。同时，惠书记一行参观了各企业的相关车间和部门，考察了企业生产、管理和经营状况，了解能源化工行业发展现状、发展趋势以及人才需求，并与企业领导及企业人力资源部门、生产管理部门的负责人进行了座谈，座谈中惠朝阳书记向企业介绍了学校发展现状、近年来取得的主要成绩和下一步发展的主要方向。如图4－2－12所示。

图4－2－12　陕西工业职业技术学院党委书记惠朝阳带队在企业调研

陕西工业职业技术学院作为西部地区唯一入选"双高"A档建设的院校，承载着"引领改革、支撑发展、中国特色、世界一流"的职教使命。学校希望以"双高"建设为契机，校企携手创新体制机制，聚焦多元体制办学、人才培养模式改革、课程建设、高水平产教融合实训基地建设、师资队伍建设、技术研发、创新创业等重点领域和关键环节，强化原始创新，在共建一流资源和共育一流工匠的探索中，培育一批在全国职业教育领域具有巨大影响力和辐射力的教科研成果，形成一批服务能源化工的校企合品牌，为职业教育产教融合、校企合作贡献陕工力量。调研企业纷纷表示愿意与学校深化合作，携手谋发展、育人才。

调研期间，惠朝阳同志一行特地考察了阿拉善盟高新技术产业开发区、靖边县化工园区以及与我院联合办学的靖边县职教中心，与两个工业园区的领导和靖边县教育局、靖边县职教中心领导进行了交流，达成了政、校、企合作的意向。

（四）职业发展

对高职院校毕业生跟踪调查显示，2018届毕业生初入职场时岗位主要集中在生产一线和服务一线，经过三年的锻炼成长，其中有33.61%毕业生实现职位晋升，月收入工资增长显著，增幅与全国高职毕业生增幅基本相同。

案例2－13　咸阳职业技术学院毕业生获评陕西高职院校优秀毕业生

根据陕西省职业技术教育学会陕西广播电视台新闻广播《关于征集陕西高职优秀毕业生典型案例及举办优秀毕业生先进事迹专题报告会的通知》（陕职学〔2021〕55号）文件要求，经学院推荐，省职教学会严格遴选，咸阳职业技术学院毕业生徐龙被评选为"陕西高职院校优秀毕业生"，并于2021年11月2日代表学院参加陕西省职业技术教育学会、陕西广播电视台优秀案例新闻广播专访。

徐龙，男，1988 年 5 月生，中共预备党员，2007 年毕业于咸阳职业技术学院园林技术专业，现任高陵四季丰农产品农民专业合作社理事长。经过多年的努力，徐龙先后获得陕西省农业职业经理人证书、陕西省农业农村厅高级职业农民证书、全国农业技术能手称号、陕西省技术能手称号等荣誉；带领农村贫困青年累计创收 150 万元，同时在抗击疫情中主动捐款捐物，累计价值 3 万余元，体现了企业家的社会责任，受到当地政府、群众的一致肯定。如图 4-2-13 所示。

图 4-2-13　陕西高职院校优秀毕业生徐龙

案例 2-14　陕西第一个远洋女海员——代凤杰

代凤杰，女，延安职业技术学院 2021 届航海技术专业毕业生，在 2021 年国家海事局三副适任证书理论和实操评估考试中以优异的成绩顺利通过考试，成为陕西省第一个远洋女海员，现就职于大型国企华洋海事中心有限公司。代凤杰同学在校期间品学兼优，中共预备党员，通过英语四级考试，连续两年获得"国家励志奖学金"，荣获学校"优秀团员""优秀学生"称号，在就业"双选会"上成为各家航运企业争抢的"香饽饽"。能够航行大海是她的梦想，让家庭摆脱贫困是她的志向。代凤杰是优秀学生的代表，她用行动证明了延安职业技术学院良好的教风学风及半军事化管理带来的成效，她的优异表现极大地激发了广大航海学子走出黄土地迈向大海洋的决心和勇气。如图 4-2-14 所示。

图 4 – 2 – 14　陕西第一位远洋女海员代凤杰

（五）创新创业

陕西各高职院校的创新创业工作以提高人才培养质量为核心，以培养学生创新精神、创业意识和创新创业能力为宗旨，以开展创新创业训练活动为抓手，聚焦卓越人才培养，着力增强学生的创新精神、创业意识和创新创业能力，把创新创业教育融入人才培养全过程，通过创新创业比赛、创新创业教育、双创训练项目等多种活动和途径全面深化创新创业教育改革。

案例 2 – 15　轻控未来—航空发动机用高端钛铝材料领跑者

钛铝合金是一种轻质高强的高温材料，具有较强的综合性能，在国外新型飞机发动机上已应用钛铝合金制备 300 多个零件。陕西工业职业技术学院徐广胜博士带领团队，历经 4 年时间，经过总结无数次的成功经验，汲取无数次的失败教训，通过自主开发技术制备了钛铝合金材料，解决了铸锭化学元素偏析、杂质含量高、内部裂纹难以控制等难题，获得航空发动机用高纯高均匀性高品质钛铝合金材料制备的关键核心技术，突破了在该领域材料的工程化应用难题。采用该项技术能够批量制备符合航空技术标准要求的材料，且具有较高品率。在 2021 年实现了"百公斤"级别的量产。该领团队参加了2021 年第七届中国国际"互联网 +"大学生创新创业大赛，国赛中获得全国"职教赛道"铜奖，省赛荣获"职教赛道"金奖，受到了社会各界的广泛关注。如图 4 – 2 – 15所示。

图 4 – 2 – 15　陕西工业职业技术学院徐广胜博士钛铝合金科技创新团队

案例 2 – 16　创新创业竞赛——以赛促学、以赛促教、以赛促创

西安航空职业技术学院全面推进创新创业教育改革，将创新创业教育融入人才培养全过程；以提升学生创新精神、创业意识和创业能力为目标，加强创新创业体制机制建设、师资建设、课程建设、实践平台建设和文化建设，构建了具有西航特色的创新创业教育生态体系；以"互联网 ＋"大学生创新创业大赛等竞赛和项目为驱动，培养学生创新创业能力，催生创新创业成果。

第七届中国国际"互联网 ＋"大学生创新创业大赛，西安航空职业技术学院《万邦农业——农为邦本，本固则邦宁》项目以创业 3 组第一名的成绩，勇夺职教赛道全国金奖，本次获奖是西安航空职业技术学院在中国国际"互联网 ＋"大学生创新创业大赛中的重大突破。接下来，西安航空职业技术学院将进一步推动创新创业教育与专业教育相融合，积极把大赛融入教育教学体系，坚持"以赛促学、以赛促教、以赛促创"，以中国国际"互联网 ＋"大学生创新创业大赛为抓手，持续推进创新创业教育改革，努力将创新创业融入人才培养全过程。如图 4 – 2 – 16 所示。

案例 2 – 17　培养乡村振兴"领路人"——鄠邑区 228 名优秀村干部"上大学"

2021 年，陕西国防工业职业技术学院与鄠邑区政府合作，紧密围绕特色人才队伍建设方案，实施了乡村振兴人才学历提升工程，与鄠邑区人民政府合作开设大专学历提升班，开设电子商务、社区管理与服务、市场营销等与乡村振兴工作密切相关的专业，为鄠邑区搭建了乡村振兴人才队伍建设平台，如图 4 – 2 – 17 所示。目前，从 211 个村（社区）现任干部、后备干部中录取了 228 名学员，学校通过"线上 ＋ 线下"混合式教学模式对学员进行在线教学、集中辅导、网上答疑讨论等，学习期间学员不脱产住校，不影响本职工

图4-2-16 省委教育工委副书记、省教育厅厅长刘建林与师生合影

作。鄠邑区乡村振兴人才学历提升工程的顺利实施，标志着校地合作步入了一个崭新的阶段。学校将以此为契机，为鄠邑区农村培养一支"留得住、用得上、懂经济、善管理"的乡村振兴人才队伍，提高乡村振兴"领路人"带富致富的本领，为鄠邑区经济社会高质量发展贡献更大的力量。

图4-2-17 陕西国防工业职业技术学院开展乡村振兴人才学历提升工程启动仪式

三、教学改革

（一）专业建设

围绕国家发展战略、行业人才需求和陕西区域经济社会发展需要，根据各学校办学定位、优势学科专业和办学条件，主动对接新经济、新技术、新业态、新职业，遵循高等教育规律和高等学历继续教育学习规律，科学合理地做好专业设置规划。

1. 专业布局

陕西现有高等职业教育院校 42 所，覆盖陕西省全部地级市，其中职业本科试点学校 2 所，居全国第 5；高职院校 40 所，居全国第 22。职业本科涉及 5 个专业大类、12 个专业类，设置 26 个专业点；高职院校涉及 19 个专业大类、82 个专业类，设置 1 657 个专业点，校均 40.17 个，实现教育部专业大类全覆盖，与陕西省产业发展规划布局基本相符。如图 4 - 3 - 1 所示。

图 4 - 3 - 1 陕西省高职院校设置专业所属专业大类分布图

陕西高职院校开设专业面向现代农业 43 个，占总数的 3.19%；面向能源化工产业 101 个，占 7.49%；面向装备制造、交通运输业 354 个，占 26.24%；面向新兴产业 204 个，占 15.12%；面向传统产业 262 个，占 19.42%；面向服务业 385 个，占 28.03%。

陕西高职院校开设电子与信息大类专业 279 个、医药卫生大类专业 220 个、教育与体育大类专业 205 个、财经商贸大类专业 204 个、装备制造大类专业 195 个、交通运输大类专业 186 个，分别占总数的 16.89%、13.28%、12.39%、12.36%、11.81% 以及 11.28%；而资源环境与安全大类、能源动力与材料大类、食品药品与粮食大类及轻工纺织大类等专业开设较少，所占总数比例均低于 10%。

高职院校专业面向陕西重点发展产业的分布情况如图 4 - 3 - 2 所示。

总体上，我省职业教育专业布局与产业布局基本相适应，但资源环境与安全大类、生物化工大类专业规模小于对应的煤炭产业、石化产业规模，而电子与信息大类、医药卫生大类专业规模大于对应的电子产业、医药产业规模。

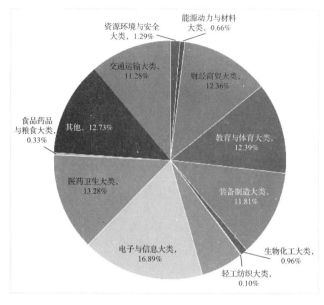

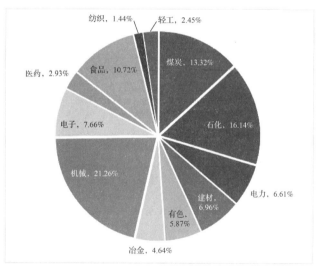

图 4 - 3 - 2 高职院校专业面向陕西重点发展产业的分布情况

2. 专业调整

陕西省教育厅通过调整与优化专业布局，制定专业发展规划，建设专业培养目标及专业培养模式，逐步形成专业布局合理、专业结构较为完善、特色鲜明的专业体系。在专业建设、调整和优化过程中，根据经济社会发展和变化的需要，结合学校实际和学生的就业志趣，坚持以专业群发展为主线，以适应性与前瞻性、稳定性与灵活性相统一的原则，积极稳妥地调整老专业、扶持已有专业、增设新专业，灵活拓展专业方向，初步形成了能主动接轨市场，适合自身发展的专业调整与建设的思路，尽可能使专业布局与当地产业发展相吻合。2021 年，新增专业 78 个，撤销专业 34 个，如图 4 - 3 - 3 所示。8 所国家"双高计划"院校试点联办专升本本科专业，探索高职院校试办本科专业，维持 635 人的招生计划。

陕西省职业技术教育学会对 2021 年以来陕西高职院校主持或参加国家专业教学标准研制情况进行了摸底调查。经调研，全省有 13 所高职院校参加了 49 个专业大类、214 个专业的专业教学标准研制和专业简介研制，其中，主持研制专业教学标准和专业简介的 42 个，参与专业教学标准或专业简介制定的 172 个；主持或参与职业本科专业教学标准研制的 47 个，高职 143 个，中职 24 个；同时研制专业教学标准和专业简介的 159 个，仅参与制定专业简介的 31 个，仅参与制定专业教学标准的 24 个。

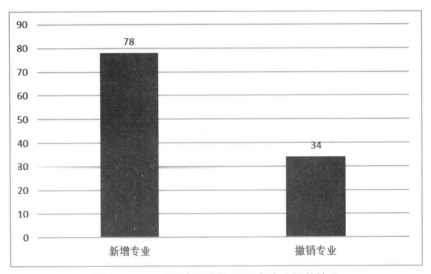

图 4 - 3 - 3　陕西高职院校 2021 年专业调整情况

案例 3 - 1　立足人才培养新业态　打造人才培养新模式　构建"国—省—院"三级专业群建设体系

陕西工业职业技术学院自获批立项中国特色高水平高职院校以来，紧扣国家"引领改革、支撑发展、中国特色、世界水平"的高职发展定位，以服务"中国制造 2025"战略、服务区域经济转型为宗旨，面向高端装备制造业，对接产业链和岗位人才需求，按照分层分类培育原则，重点打造 2 个具有世界一流水平的国家级专业群，聚力培育 4~6 个国内一流的省级培育高水平专业群，集中建设 2~4 个区域急需的院级特色高水平专业群，带动其他院级特色专业协同发展，对接区域行业、企业工作岗位和工作标准制定人才培养方案，准确定位人才培养目标，形成了"国家级重点—省级培育—院级特色"的三级专业群建设体系，助推各专业群在人才培养模式创新、课程教学资源建设、教材与教法改革、教师教学创新团队建设、实践教学基地建设、技术技能平台搭建、社会服务提升、国际交流与合作、可持续发展保障机制九大方面全面提升，如图 4 - 3 - 4 所示。

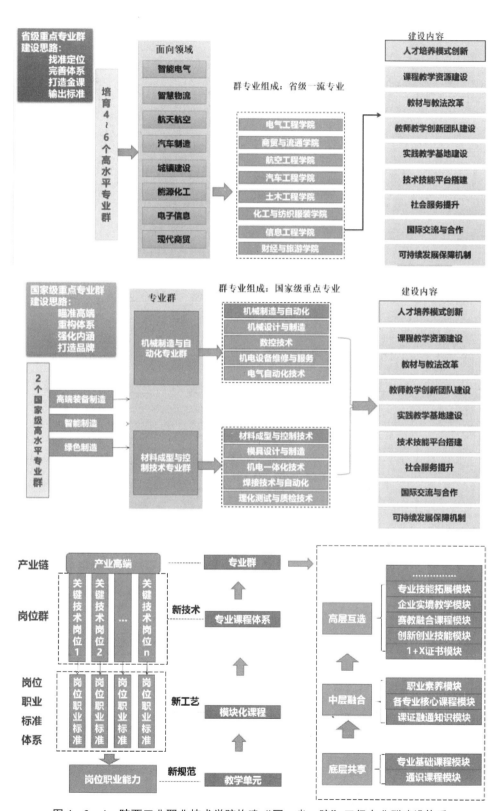

图 4 - 3 - 4　陕西工业职业技术学院构建"国—省—院"三级专业群建设体系

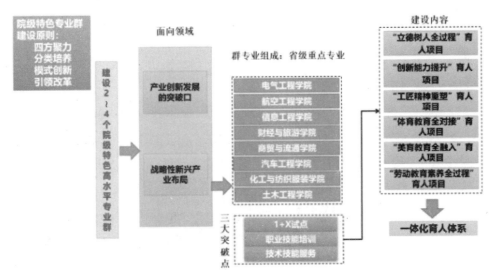

图 4－3－4 陕西工业职业技术学院构建"国—省—院"三级专业群建设体系（续）

（二）课程建设

1. 持续强化课程思政和思政课程建设

思政教育一直是陕西高等职业教育的重中之重。一是加强人才培养，全面落实立德树人根本任务，不断加强学生思想政治教育工作的系统性、整体性，把专业教育同思想政治教育有机结合，把日常管理同思想政治教育工作紧密联系，促进思想政治教育工作同人才培育全过程深度融合；二是切实用心用情，强化日常管理，不断健全、完善管理体制机制，构建学生教育管理"三全育人"工作格局，突出管理中的一线规则，下沉管理服务力量，帮助学生解决实际困难，推进教育管理工作走深走实；三是坚持以生为本，守牢安全底线，切实做好意识形态安全工作，加强课程思政和思政课程建设，推进习近平新时代中国特色社会主义思想进教材、进课堂、进头脑，结合学生心理特点，强化心理健康教育工作，培育学生自尊自信、理性平和、积极向上的良好心态。

陕西省抓住教师队伍这个关键，组织开展全省高校思政教师大练兵，全省高校党委书记、校长、宣传部部长、学工部部长、教务处处长、研究生院院长、马克思主义学院院长、全体思政课教师和部分专业课教师等 8 万余名师生通过网络直播同上思政大课，打造精品思政课，抓好课堂教学主渠道，打造了一批教学标兵与骨干。

案例 3－2 杨凌职业技术学院打造课程思政耕读教育品牌

杨凌职业技术学院秉承"力耕勤读、尚德强能"的耕读文化传统，以立德树人为根本任务，以强农兴农为己任，推动第一课堂与第二课堂深度融合，打造以课程思政为抓手的耕读教育品牌，着力培养"一懂两爱"农业技术技能人才，积极构建"力耕勤读"的校园文化体系，如图 4－3－5 所示。一是构建深度融入耕读文化的课程体系；二是形成"读学看践赛悟"的课程思政教育新模式；三是形成"农学结合，半耕半读"教学组织模式；四是打造师生耕读教育阵地。

图4-3-5 杨凌职业技术学院打造课程思政耕读教育品牌

通过实践与探索，杨凌职业技术学院课程思政耕读教育品牌的影响力进一步扩大，学生学农的热情持续高涨，许多学生回乡创立农业企业、开办农民专业合作社、创办家庭农场，成为乡村振兴的践行者和农村致富的带头人，涌现出了一批深入农村创新创业的优秀典型。杨凌职业技术学院融入耕读文化的"十大节庆"主题教育工程被共青团中央评定为"全国学院共青团重点工作创新示范项目"，先后获全国学院共青团优秀研究成果二等奖、全国高职高专院校党委书记论坛一等奖、全省高校校园文化建设优秀成果二等奖，257项课程思政研究课题获得国家"双高计划"建设学院课程思政专项研究课题立项。

案例3-3 加强示范引领，着力打造课程思政示范项目

陕西工业职业技术学院为充分发挥好示范项目的引领示范效应，在课程思政教学研究中心的指导下，对学校课程思政工作进行了系统设计和部署，其中明确着力培育、打造一批课程思政示范项目，立项建设由线上、线下混合式组成的50门"课程思政金课"，通过开展"课程思政"教学设计竞赛等比赛，遴选60个"课程思政"示范课堂，并选树30名"课程思政"教学名师、10个"课程思政"优秀教师团队，促进形成学校"院院有精品、门门有思政、课课有特色、人人重育人"的育人格局，如图4-3-6所示。

图4-3-6 陕西工业职业技术学院对学校课程思政工作进行系统设计和部署

2021年，学校课程思政教学研究中心被认定为国家级"课程思政教学研究示范中心"；学校"服饰传统手工艺"和"高速切削与五轴加工"2门课程被认定为国家级"课程思政示范课程"，其课程的负责人和教学团队被认定为"课程思政教学名师和团队"；学校"金属切削机床"课程被认定为省级"课程思政示范课程"，其课程的负责人和教学团队被认定为"课程思政教学名师和团队"；学校认定"公差配合与测量技术"等30门课程为校级"课程思政示范课堂"，授予任雪娇等2名教师校级"课程思政标兵"称号，授予段瑞等4名教师校级"课程思政骨干"称号，如图4-3-7所示。

图4-3-7　陕西工业职业技术学院打造课程思政示范项目

2. 巩固现有精品在线课程，利用多种教学手段全面提高学生综合能力

遵循"一体化设计、颗粒化资源"的建构逻辑，持续提升在线课程建设水平；以信息化技术为抓手，积极参与国家级精品在线开放课程建设，建成国家级精品课程55余门，2021年新增省级职业教育在线精品课程163门，基本覆盖高职专业大类，夯实"线上线下混合式教学""校内课堂＋线上课堂＋企业课堂"三课堂教学模式改革基础，进一步培养适应陕西经济发展的专业技能人才。

案例3-4　实施"传技能＋竞赛"，塑造工匠人才

陕西铁路工程职业技术学院国家级技能大师工作室充分发挥技能大师及其团队的领军带动作用，通过带青年教师、带企业徒弟、带参赛学生三个"传帮带"，以参加技能大赛项目为载体，实现"以赛促教、以赛促学、以赛促改"，全方位开展工匠人才培养。培养3名青年教师取得焊工资格证书；指导校内学生在中华人民共和国第一届职业技能竞赛陕西省选拔赛、全国有色行业职业院校技能竞赛、陕西省职业院校技能竞赛等项目中获3个一等奖、3个二等奖、5个三等奖；工作室团队承接4次企业参赛员工的集训，7名企业员工在中华人民共和国第一届职业技能竞赛陕西省选拔赛中获2个一等奖、4个二等奖、1个三等奖；师带徒参与培养了九冶建设有限公司黄春波等3名国家级技术能手、陕西省技术状元 1 人、陕西省青工技术状元 1 人，技能大师工作室在技能传承和工匠育人方面发挥着积极作用。如图 4 – 3 – 8 所示。

图 4 – 3 – 8 陕西铁路工程职业技术学院开展企业培训、技术服务、技能大赛

3. 坚持教材编审符合国家相关政策，落实国家"十四五"规划，培育符合职业教育发展需求的优秀教材

认真贯彻执行教育部《"十四五"职业教育规划教材建设实施方案》，方案指出"十四五"期间，分批建设 1 万种左右职业教育国家规划教材，指导建设一大批省级规划教材，加大对基础、核心课程教材的统筹力度，突出权威性、前沿性、原创性教材建设，打造培根铸魂、启智增慧，适应时代要求的精品教材，以规划教材为引领，高起点、高标准建设中国特色高质量职业教育教材体系。2021 年评选出省级职业教育优秀教材共30 项。

案例 3 –5 《航空电气设备与维修》教材获首届全国优秀教材二等奖

2021 年 10 月，教育部公布了首届全国教材建设奖名单，共表彰了"全国优秀教材"特等奖 10 种，一等奖 200 种，二等奖 789 种，"全国教材建设先进集体"99 个，"全国教材建设先进个人"200 名。西安航空职业技术学院谭卫娟、白冰如主编的《航空电气设备与维修》（国防工业出版社）喜获全国优秀教材（职业教育与继续教育类）二等奖。

《航空电气设备与维修》教材曾获得陕西省优秀教材一等奖，为"十二五"职业教育国家规划教材，如图 4 – 3 – 9 所示。该教材以航空电气设备为载体，用"模块＋项目＋任务"的形式来组织教学内容，突出了"项目引领、任务驱动、工学结合"的高职教育特色；将电气设备原理与构造和维修方法、常遇故障的分析融为一体，使知识和技能"骨肉相连"，让学生在循序渐进的训练中，理解航空电气设备的基本原理，掌握航空电气设备的维修方法。

图 4-3-9　西安航空职业技术学院获奖教材

(三) 师资队伍建设

1. 提高教师专业水平，强化教师职业技能培养

陕西高职院校现有教职工 23 902 人，其中专任教师 15 945 人，占 71.76%；兼职教师 5 759 人，占 28.24%；生师比 13.87 : 1。

高职院校围绕培养、引进、使用、发展四个环节，深入实施人才强校战略，逐步建立了以教师教学能力发展为主，以专业实践能力和研究能力发展为两翼的师资队伍建设框架。专任教师中具有高级职称的 4 852 人，占专任教师的比例为 30.43%；双师素质教师 8 525 人，占专任教师的比例为 53.47%；硕士研究生及以上学历教师占专任教师的比例为 54.95%，如图 4-3-10 所示。

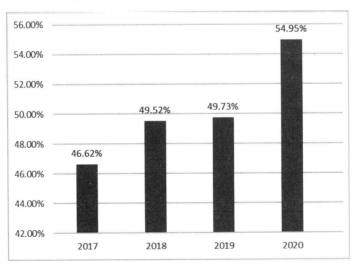

图 4-3-10　近几年陕西高职院校硕士研究生及以上学历教师占比

案例 3 - 6　教学科研永远在路上

伟大的民族需要英雄精神的滋养、崇高的事业需要榜样引领的力量，朱小甫就是我们身边的榜样。朱小甫，副教授，国家执业兽医师，咸阳市新世纪学术技术带头人，咸阳市青年科技奖获得者，咸阳市优秀科普工作者，咸阳市三区科技人才，农业特有工种高级考评员，咸阳职业技术学院教学名师，如图 4 - 3 - 11 所示。

图 4 - 3 - 11　咸阳职业技术学院朱小甫老师科研及获奖证书

在科学研究的道路上，获得成功需要有超出常人的意志和坚持，需要付出超过别人几倍的努力和汗水。正是因为有纯粹的热爱与不竭的科研热情，朱小甫才能专心其中，一以贯之，无怨无悔。功夫不负有心人，动物疫病快速诊断技术一系列难题被朱小甫及其团队攻克，他们利用分子生物学技术开发诊断试剂盒，一次检测即可区分多个毒株感染，2 个小时就能快速准确检测出动物疫病病原，与传统的动物疫病诊断方法相比耗时更短、敏感性更强。2020 年 12 月，朱小甫荣获陕西省教学成果奖二等奖，2021 年 2 月荣获陕西省高等学校科学技术奖二等奖，时隔 1 个月再次获得职业高等院校技术研发与应用成果展"优秀成果奖"。

朱小甫常说"要给学生一杯水，自己必须有一桶水"。他深钻教材，认真备课，把科学研究融入专业教学中，力求每次授课都能给学生带来新的知识。朱老师上课生动幽默，学生不仅能从他的课堂上学到知识，更能学到解决问题的方法，学生慕名来听他的课，甚至要提前抢占座位。

朱小甫不仅活跃在教学和科研中，也活跃在社会服务中。2014 年他将猪瘟病毒鉴别诊断试剂盒专利技术转让给杨凌大西农动物药业有限公司进行开发生产，年生产销售猪瘟病毒鉴别诊断试剂盒 2 200 个，价值 352 万元；他积极深入基层推广科技成果，为陕西多家企业和养殖场开展检测服务，吸引甘肃、宁夏、山西、山东等省份养殖户前来诊断检测，每年服务 300 多家养殖场，快速、精准的诊断大幅降低了动物死亡率及用药成本，每年为养殖场减少经济损失达 1 000 多万元。

朱老师说："能为畜牧兽医事业贡献自己的力量，我倍感光荣，科技创新要敢于攻坚克难，我从未忘记这一使命。这条科研之路，我会一直走下去。"

2. 举办教师教学能力赛，促进教师教学能力提升

陕西省委教育工委、省教育厅围绕立德树人根本任务，注重教师教学能力创新提升，出台学历技能提升政策支持，在科研经费启动、学位奖励等方面给予优惠支持；举办2021年陕西省职业院校技能大赛教学能力比赛，以赛促教、赛教结合，全面促进教师教学能力提升，为国赛选拔做准备。陕西省21所高职院校参赛，121支队伍468名教师获奖，其中一等奖20项，二等奖39项；三等奖62项，最佳组织奖10项。如图4-3-12所示。

图4-3-12   2021年全国职业院校技能大赛教师教学能力比赛（陕西赛区）决赛现场

3. 打造教学创新团队，加强教师团队建设

通过内培外引、校企合作的方式，进一步加大人才强院战略实施力度，打造出数量充足、专兼结合、素质优良、业务精湛，有理想信念、有道德情操、有扎实知识、有仁爱之心的"双师型"教师队伍。2021年，陕西省教育厅计划开展陕西省职业院校教师素质提高计划，包括教学改革与教师能力提升培训、访学研修、"1+X"证书制度种子教师培训、名师（名匠）团队培育、培训者团队建设、课程实施能力提升、教师赛教融合与技能提升培训、信息技术应用能力提升和教师企业实践系列项目，国培项目拟培训教师89人，省培项目拟培训1 276人；立项在建国家级职业教育教师教学创新团队10个，其中第一批3个，第二批7个。

教师下企业实践锻炼人数大幅提升，参与多家企业的多项技术攻关、科技推广、技术服务等工作，大幅度提高了教师的实践教学能力，持续推动教师企业实践及工程实践轮训计划。

（四）信息化建设

1. 确保网络安全，提升师生信息素养

以习近平网络强国战略思想为指导，以适应疫情防控常态化为工作目标，陕西省掀起

了改变教、改变学、改变管、改变形态的"学习革命"，保障了国家教学标准落地，确保了人才培养质量稳步提高。立足"能学、辅教"的功能定位，持续推进专业教学改革；遵循"一体化设计、结构化课程、颗粒化资源"的建构逻辑，持续提升资源库建设水平；强化"使用便捷、应用有效、共建共享"的应用要求，持续完善运行平台功能，提高教与学效果；健全以用促建、共建共享的长效机制。

2. 加速融合创新、深化应用服务

持续优化智能管理服务平台，通过信息化流程再造，将主流业务进行流程化，多终端，跨平台线上办理，并通过大数据统计分析，将热门流程、重要数据、关键业务进行有效建模预警，建立信息化服务平台，实现管理服务水平的提升。

不断促进信息化融合教育教学，围绕教学模式改革、"国家级职业教育专业教学资源库项目"、在线开放课程、专业教学资源库、教师信息化能力提升等方面着力打造"教学模式改革工程""教师能力提升工程"等，实现了教育教学水平的提升。

案例 3-7 通过"四个一"模式，探索了一条高职院校信息素养教育的可行性实践路径

陕西工业职业技术学院通过"四个一"模式，"一课"即开设"大学生信息素养"公选课，将知识点嵌入到学生学习、生活和工作场景中，构建场景化知识体系，教师团队分工授课；"一营"即组建"大学生信息素养训练营"，学生社团驱动，赛前强化与集训；"一赛"即积极举办校赛，参加省赛、全国赛，以赛促建、以赛促教、以赛促学、以赛促评；"一会"即以读书会为载体，将信息素养教育与专业学习相结合，发挥学生的主观能动性，潜移默化地提升学生信息素养。

2021年，学校信息素养竞赛参赛学生达 1 712 人，居全省第一，与 2020 年同期相比涨幅达 249%，学校"大学生信息素养"公选课参与学生连续三年保持 2 倍以上涨幅，如图 4-3-13 所示。学校教师在全国高职信息素养大赛中获教师微课赛一等奖 1 项，获省赛特等奖 1 项、二等奖 1 项、三等奖 2 项；学生获省赛特等奖 1 项、一等奖 1 项的好成绩。

四、服务贡献

（一）产教融合

全省职业院校主动对接产业，与省内外企业在学生实习、专业设置、订单式培养、师资交流与培训、职工培训、产品研发、科技成果转化等方面开展合作，将先进企业文化引入校园，校企共育人才，产教融合服务能力显著提升。陕西工商职业技术学院充分发挥全国现代服务业职业教育集团西北分部作用，聚焦企业技术瓶颈和业务难点，打造政行企校共商共建、产学研创功能齐全的产教融合命运共同体。西安航空职业技术学院按照"特色引领，服务区域，支撑国家战略"的总体工作思路，坚持"抓中航、稳军航、盯通航"的基本原则，加大与航空龙头企业，尤其是民航企业深度合作，集团化办学取得明显成效，校企合作步伐明显加快。陕西铁路工程职业技术学院坚持"走出去、引进来"校企合作、产教融合战略，抢抓"一带一路"历史机遇，与中铁一局、中铁四局、中铁宝桥集团有限公司等共建 8 个产业学院、3 个协同创新中心、15 个技术应用研究中心。

案例 4 - 1 陕西工商职业学院与西安交通大学第一附属医院长安区医院签约教学医院

西安交通大学第一附属医院长安区医院是一家集医疗、科研、教学、康复、预防保健于一体的综合性医院。2021 年 3 月，该院与陕西工商职业学院举行教学医院签约仪式，如图 4 - 4 - 1 所示。在医教协同、深化产教融合、院校合作的理念指引下，学校不断深化"双主体"办学模式，与医院深入合作，培养学校护理专业学生的职业技能和职业素养，为社会培养出合格的高素质技术技能型人才。教学医院是护理人才培养的重要基地，不仅可以解决学校的实践教学和学生实习工作，也有助于医教研一体化，促进医院专业技术人员的教学能力和科研水平，促进校院双方合作共建，进一步拓宽合作领域，在专业人才培养、实习就业等方面建立紧密的合作关系，为区域医疗卫生事业和国家大健康战略作出更大的贡献。

图 4 - 4 - 1 陕西工商职业学院举行教学医院签约仪式

案例 4 - 2 西安航空职业技术学院校企合作"六共"模式育人才

西安航空职业技术学院与中国人民解放军第 5702 工厂连续 9 年签订飞机机电设备维修专业现代学徒制培养协议，与企业共同培养出高素质高技术人才近 300 人，探索出了"人才共育、技术共研、人员共用、资源共享、文化共融、标准共订"的"六共"
协同人才培养模式，建立了"模块化、项目化"的"两化"动态资源整合模式，贯通
了"开放共享、协同发展"的人才培养途径。按照模块、项目任务组建教学技术服务
创新团队，形成人员、技术、设备、资源等动态组合模式，实现人员机动性、机制灵活
性、组织动态性。通过"六共"模式，实现互聘师资和技术人员、共同研究人才培养
标准和岗位标准、协同制定课程标准及开发教材、开放资源进行教学活动及实践实训
等，有效解决了航空类新技术、新工艺、新规范教学、教材同步难等问题，破解航空类
高端技术技能人才企业需求侧和学校人才培养供给侧的结构性矛盾，如图4-4-2和
图4-4-3所示。

图4-4-2　西安航空职业技术学院为现代学徒制企业导师颁发聘书

图4-4-3　西安航空职业技术学院开展现代学徒制企业导师授课

**案例4-3　深化产教融合，打造技术技能创新服务高地——陕西铁路工程职业技术学院
成立轨道交通未来产业创新研究院**

为深入贯彻落实习近平总书记关于科技创新的重要论述，实施创新驱动发展战略，
充分释放科技创新活力和潜能，进一步加强校地、校企协同发展。中铁一局集团有限公
司、中铁四局集团有限公司、中铁二十局集团有限公司、中铁北京工程局集团有限公

司、中铁宝桥集团有限公司与陕西铁路工程职业技术学院共建轨道交通未来产业创新研究院(见图 4-4-4),旨在聚焦企业面临的"卡脖子"领域关键技术难题,以技术攻关为纽带,提高产学研创新体系的整体效能,形成技术突破,实现科技供需零距离对接,服务国家战略和轨道交通产业发展,支撑地方经济高质量发展。会议共揭牌渭南市技术转移示范机构、陕西省 BIM 科学人才培训基地、技术研究中心等 8 项,学校获赠设备仪器、软件等合计价值 708.9 万元,与合作企业签订技术服务合同 17 项,合同金额638.12 万元。

图 4-4-4 陕西铁路工程职业技术学院成立轨道交通未来产业创新研究院

(二) 技术服务

陕西工业职业技术学院制定科技人才、投入和基础条件政策,健全学术管理体系,新增技术创新服务平台 3 个(其中省级高校工程研究中心 1 个,市级工程研究中心和重点实验室各 1 个),科研院所(含行业协会企业等)共建科研平台 3 个,获得授权专利 187 件,获得软件著作权共 75 件,为 40 余家企业开展技术服务 120 余次,精准解决企业技术难题,为企业创造经济效益 9 912 万元。

案例 4-4 科技成果助力秦创原平台科技创新工作

为贯彻落实秦创原创新驱动平台建设大会精神,推动高校创新成果向秦创原汇聚,7月 18 日,秦创原·第五届陕西省高校科技成果展暨校企对接洽谈会在秦创原"总窗口"——西咸新区召开。陕西省委副书记胡衡华出席启动会，巡展并讲话，副省长方光华、副省长程福波出席启动会、见证签约、巡展并参加座谈会。陕西工业职业技术学院党委书记惠朝阳参加了启动会并作为高职院校唯一代表参加了座谈会，同时与副校长梅创社一起巡视了科技成果展位。科研处负责人、学校部分科技工作者、学生代表等一同观摩了技术成果展。陕西工业职业技术学院通过前期打磨申报，教育厅组织专家进行路演汇报评审，刘迪、侯延升、徐广胜、齐锴亮、袁丰华、陈鹏威六位项目负责人的科技成果通过了省教育厅最具转化潜力科技成果遴选。会展期间，学校 6 项科技成果实物在展会进行了现场展示，各项目负责人对参观的领导、嘉宾就项目成果进行详细生动的讲解。本次展会对陕西工业职业技术学院科技成果转化具有较强的推进和引领作用，同时推进了学校创新资源向秦创原汇聚，促进科技成果就地转化。通过展会对接，最终陕西工业职业技术学院 2 名教师的项目成功落地秦创原总窗口，创办的企业获得秦创原春种基金资助 200 万元。如图 4－4－5 所示。

图 4－4－5　秦创原·第五届陕西省高校科技成果展陕西工业职业技术学院展台

案例 4－5　参与重大工程项目 支持陕西交通发展

陕西交通职业技术学院依托校办产业陕西顺通公路监理技术咨询有限责任公司承监延黄高速土建施工，建设里程共长 35.188 千米。驻地办克服了"工期紧、任务重"，冬季气温低、夏季多雨、交通运输不便及新型冠状病毒感染等不利因素影响，采用温拌沥青技术解决了低温下沥青砼摊铺问题，帮助施工单位核算工程数量，倒排工期，确定重要节点完成时间，每周组织检查督促，通过三年半建设，于 2021 年 6 月 30 日全线建成通车。延黄高速公路的通车，进一步完善了国家高速公路网，打通了贯穿陕北关中的又一条纵向公路运输大通道。在陕西高速公路建设中，陕西交通职业技术学院作出了积极贡献。如图 4－4－6 和图 4－4－7 所示。

图 4 - 4 - 6   陕西交通职业技术学院王天哲校长检查工地工作

图 4 - 4 - 7   延黄高速公路项目竣工路段

案例 4 - 6   陕西能源职业技术学院两项专利成果转化实现"零"突破

经过近 5 年辛勤探索、技术攻关，陕西能源职业技术学院煤炭与化工产业学院教师凌洁副教授开发的富马酸单酯系列产品生产技术成果在获得一件国家发明专利（一种制备富马酸单酯的工艺方法 ZL201610385346.7）、一件实用新型专利（一种制备富马酸单酯的装置 ZL201620528936.6）授权的基础上，经过技术交流、友好协商，成功转让给陕西华浩轩新能源科技开发有限公司，如图 4 - 4 - 8 所示。

图 4 - 4 - 8　陕西能源职业技术学院举行专利成果转化签约仪式

（三）社会培训

自教育部等九部门印发《职业教育提质培优行动计划（2020—2023 年)》以来，陕西省高职院校落实职业学校实施学历教育与培训并举的法定职责，面向在校学生和全体社会成员开展职业培训。陕西工业职业技术学院发挥全国重点建设职业教育师资培养培训基地、国家级高技能人才培训基地作用，机构健全、管理规范、特色鲜明、成效显著，2020—2021学年开展省内外职业院校师资培训项目 23 个，企业职工培训项目 14 个，为在校学生、新型农民、退役军人、院校教师等群体开展各类社会培训 35 378 人次，见表 4 - 4 - 1。西安航空职业技术学院在做好新型冠状病毒感染防控的基础上，坚持开放，为退役军人等社会各类人群提供培训服务。西安铁路职业技术学院在培训服务和技能鉴定工作中，发挥西安铁路职业技术学院职业技能鉴定站、西安市职业教育公共实训基地和西安市基层农技人员培训单位的重要作用，利用丰富的教育教学资源开展各类社会培训工作。

表 4 - 4 - 1　2020—2021 学年职业院校师资培训项目表

序号	培训项目	人数/人
1	2020 年度中职院校教师省级培训"双师型"（汽车应用与维修）专业培训	30
2	2020 年度中职院校教师教务主任省级培训（2 次）	200
3	2020 年度中职院校"双师型"教师机械加工技术专业技能国家级培训	30
4	2020 年度中职院校"双师型"教师动漫设计与制作提高专业技能国家级培训	30
5	2020 年度中职院校"双师型"教师焊接技术应用专业技能国家级培训	30
6	2020 年度中职院校"1 + X"证书会计初级教师培训	50
7	2020 年度中职院校"1 + X"证书工业机器人教师培训	35

续表

序号	培训项目	人数/人
8	2020年度中高职院校"1+X"证书建筑信息模型BIM教师培训	35
9	2020年度中高职院校"1+X"证书特殊焊接技术教师培训	30
10	咸阳师范学院联合开展2020年度陕西省职业院校教师素质提高计划——"双师型"教师专业技能培训	30
11	与陕西国防工业职业技术学院联合开展2020年度陕西省职业院校教师素质提高计划——中高职衔接协同研修培训	30
12	与咸阳职业技术学院、陕西能源职业技术学院联合开展2020年度陕西省职业院校教师素质提高计划——"1+X"证书老年照护职业技能等级证书专业培训	30
13	与大连东软信息学院联合开展2020年度陕西省职业院校教师素质提高计划——"1+X"证书数字媒体技术应用专业培训	30
14	与陕西能源职业技术学院、蒲城清洁能源化工有限公司联合开展2020年度陕西省职业院校教师素质提高计划——青年教师企业实践化学工艺专业培训	12
15	与北京继教网科技发展有限公司联合开展2020年度陕西省职业院校教师素质提高计划——远程教师能力提升、教学能力提升专业培训	1 400
16	与国家教育行政学院、陕西教育干部培训中心联合开展2020年度陕西省职业院校教师素质提高计划——远程教师能力提升教师政治修养与课程思政专业培训	1 400
17	与国家教育行政学院、陕西教育干部培训中心联合开展2020年度陕西省职业院校教师素质提高计划远程教师能力提升师德师风与思政教育专业培训	1 400
18	2021年江西省高职院校新任校长研修班	23
19	2021年内蒙古乌兰察布中等职业学校教师教学能力提升培训	43
20	青海省高职院校"双高"建设高级研修班	66
21	青海高等职业技术学院"双高"建设培训	260
22	青海工业学校技能大赛培训	7
	合计	5 201

案例4-7　聚焦教师培训需求，开展职业院校教培项目

引领职教发展，支撑陕西职教高质量发展。作为全国职业院校校长培育培训基地和全国重点建设职教师资培养培训基地，陕西工业职业技术学院利用长期建立的职教师资培训体系，与职教理念、师德教风、专业改革、业态前沿、校企合作、课程开发、团队建设、教改科研等主要培训内容板块紧密结合，依托学院优质资源，2020—2021学年承担了国、省级各类师资培训项目共计17项，培训人数4 802人，涵盖了专业带头人领军能力研修、"双师型"教师专业技能培训、优秀青年教师跟岗访学、中高职衔接专业教师协同研修、教师企业实践、创新项目，举办了机电类、信息类、"1＋X"证书等专业培训项目，覆盖了全省39所高职院校、315所中职学校，达到了省中、高职院校100%全覆盖，国、省级培训类型全覆盖，为陕西职业教育协同发展贡献了陕工智慧，如图4－4－9所示。

服务国家战略，助力职教院校建设。2020年9月，教育部印发《关于公布首批职业院校校长培训基地遴选结果的通知》（教职成司函〔2020〕25号），陕西工业职业技术学院被认定为教育部职业院校校长培训培育基地，是全省首批入选院校。近年来，作为西部地区唯一的"双高"A档建设院校、全国重点建设职教师资培养培训基地、全国职业院校校长培训培育陕西基地，陕西工业职业技术学院紧紧围绕陕西支柱产业——现代装备制造业对高素质技能型人才的需求，积极服务社会，积极与兄弟院校开展交流培训，为行业、企业、兄弟院校量身定制各类培训方案，全面提升了参训者教育教学能力和科研技术水平，获得了良好的培训效果。

2021年3月，应青海高等职业技术学院邀请，陕西工业职业技术学院专家组赴青海省海东市为青海省高职院校开展"双高"建设培训，青海高等职业技术学院全体教职工及青海省其余7所高职院校相关人员共260余人参加培训。

2021年6月，江西省职业院校校级领导一行23人来校开展培训学习，培训班由江西省22所高职院校的23位校领导组成。7月，陕西工业职业技术学院为内蒙古乌兰察布市中等职业技术学校举办教师教学能力提升培训班，在侯塞平、闫海河2名副校长的带领下，顺利完成了43名教师的培训工作。

图4－4－9　陕西工业职业技术学院为省内外职业院校开展培训

案例4－8　西安航空职业技术学院获批"西安市退役军人职业技能承训机构"并开展培训

2021年6月，西安市退役军人事务局举办西安市退役军人就业创业导师、就业创业示范基地、职业技能承训机构授聘授牌仪式。根据西安市退役军人事务局、西安市人力资源和社会保障局、西安市教育局、西安市财政局印发的《西安市退役军人职业技能承训机构目录的通知》（市退役发〔2020〕235 号），西安航空职业技术学院获批"西安市退役军人职业技能承训机构"，如图 4 - 4 - 10 所示。2021 年 9 月 11 日，学校"西安市退役军人职业技能培训班"开班，开展了"无人机应用技术""数字媒体技术""汽车诊断师"等课程培训。这是西安航空职业技术学院承担的第一批退役军人培训项目，是对接学校"政军行企校"五方共建"双高"校的发展策略，是贯彻落实习近平总书记关于做好退役军人工作重要论述的具体措施，如图 4 - 4 - 11 和图 4 - 4 - 12 所示。在今后工作中，西安航空职业技术学院将充分利用退役军人职业技能承训机构获批的机遇，发挥专业优势，完善人才培训体系，加强建设和管理，积极推进退役军人技能培训工作，为陕西国防建设及经济和社会发展贡献力量。

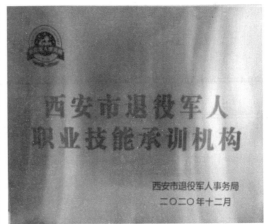

图 4 - 4 - 10 西安航空职业技术学院获批"西安市退役军人职业技能承训机构"

图 4 - 4 - 11 张敏华校长在首届培训班开班典礼上致辞　　　　图 4 - 4 - 12 首届培训班合影

案例4-9 助力十四运——西安铁路职业技术学院联合西安轨道交通集团开展地铁员工中英双语服务培训

西安轨道交通集团开展的地铁员工中英双语服务培训（见图4-4-13）项目由西安铁路职业技术学院英语教研室承担，共分两期。来自包括西安城际轨道在内的八条地铁线路员工，共计313人参培，培训内容聚焦即将在西安举办的全国第十四届全国运动会和第十一届残特奥运动会以及专为十四运开通的地铁十四号线的相关英语常识，包括地铁安检、票务服务、站台问询、紧急情况处理以及地铁文化知识五个方面的内容。通过本次培训，参训地铁员工将会在地铁英文词汇、常用短语句型、英文对话交流、接待服务能力等各方面均有所收获，同时西安铁路职业技术学院也充分利用专业优势和学科优势发挥了良好的社会服务功能，为十四运助力。

图4-4-13 西安铁路职业技术学院开展地铁员工中英双语服务培训

（四）乡村振兴

从2020年脱贫攻坚决战决胜收官之年，到2021年是巩固脱贫攻坚成果有效衔接乡村振兴开局之年，全省高职院校深入贯彻落实党的十九大精神和中央关于脱贫攻坚战略的总体部署，把持续推进教育精准帮扶工作作为政治任务和重要工作来抓。陕西工业职业技术学院2020—2021年累计捐赠物资、消费扶贫、投入资金等价值近200万元，投入人力300余人次，帮扶区县两地如期脱贫摘帽，并积极开展巩固脱贫攻坚成果与乡村振兴有效衔接各项工作。陕西交通职业技术学院在帮扶对象西乡县实现整县脱贫以来，按照人员不撤、资金不减、力度不变的原则，派出驻村第一书记和工作队，扎根乡村，确保西乡县脱贫不返贫、稳步奔振兴。咸阳职业技术学院扎实推进"双百工程"，与扶风县法门镇农林村、永寿县店头镇小石村、乾县新阳镇凤凰村、永寿县常宁镇北顺什村开展结对帮扶，选派人员长期驻村，30名干部结对帮扶，精准帮扶，助力乡村振兴取得显著成效。

案例 4-10 发展特色产业,巩固脱贫成果,建设美丽乡村

按照陕西省委、省政府"两联一包"扶贫开发工作方案,陕西工业职业技术学院定点帮扶安康市汉滨区流水镇香山村。该村位于安康市汉滨区西南部山区,地处汉水和月河之间的凤凰山麓,山大人稀,坡陡沟深,闭塞偏僻,距安康市区 56 千米,全村 1 522 人,村民观念保守、思维单一,产业模式沿用传统的单一养殖、种植生产模式。脱贫前香山村有建档立卡贫困户 224 户、777 人,贫困发生率 51.05%。产业扶贫是脱贫攻坚的有效途径,是巩固脱贫成果的根本举措。

一是实施土地流转种,建立了"吴茱萸"种植基地、"油茶"种植基地,实现资源节约、环境友好的产业绿色可持续发展,通过"公司+基地+农户"的合作机制,村集体与贫困户按土地与出资进行分红,累计完成流转土地 600 余亩,建成中药材种植示范园及羊肚菌种植基地,共吸纳香山村及周边贫困户 121 户、386 人就业,以租金、工资、分红等多种方式带动贫困户稳定增收。

二是实施"智能温室"新型产业种植,建成通过空气温湿度传感器和通风系统及喷淋系统来控制温室内环境的智能温室大棚,用于木耳、蘑菇、羊肚菌等菌苗种植,到 2020 年年底,温室大棚规模已扩展到 8 个,占地近 2 000 平方米,并采取"支部+带头人+农户"的经营与管理模式,该大棚可解决香山村村民至少 30 余人就业及经济收入问题,也为香山村每年带来 22 000 元的租赁收益,如图 4-4-14 所示。

图 4-4-14 陕西工业职业技术学院为帮扶对象兴建"智能温室"

三是实施"光伏电站"帮扶项目,陕西工业职业技术学院投资近 30 万元,分两期实施完成光伏扶贫工程项目建设,确保贫困户从光伏发电中持续获得收益,如图 4-4-15 所示。该电站并网以来始终保持稳定运行,发电量与日俱增,平均日发电量约为 100 千瓦·时,年发电量超过 20 000 千瓦·时。

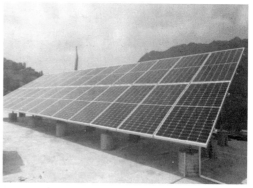

图 4 - 4 - 15　陕西工业职业技术学院为香山村安装"光伏电站"

四是实施"合作社＋专业户＋科技指导＋奖补"的畜牧养殖，陕西工业职业技术学院拿出 30 万元帮扶资金，扶持贫困户开展养殖，成立 2 个专业合作社，带动 104 户、350 人实现脱贫，年人均可支配收入 11 202.3 元，推广"党支部＋养殖大户＋脱贫户"的模式，逐步向规模化发展，使"产业扶持"变为"产业发展"，如图 4 - 4 - 16 所示。

图 4 - 4 - 16　陕西工业职业技术学院扶持香山村贫困户开展养殖

五是实施"互联网＋农产品"模式，陕西工业职业技术学院与当地政府共建电子商务平台项目，借助在销售、管理、互联网等方面的优势对贫困群众生产经营进行培训指导，培养了一批农牧科技明白人、销售达人，使农户将自己家里散养的鸡鸭家禽、瓜果蔬菜等可以通过电子平台直供的方式供给城市消费者，形成"互联网＋农产品"模式，重塑农产品经营理念，促进乡村经济社会发展，提高脱贫人口经济收入。

案例 4 - 11　巩固脱贫成果　助力乡村振兴

为了推进脱贫攻坚成果与乡村振兴有效衔接，陕西交通职业技术学院根据西乡县桑园镇神溪村实际情况，坚持党建引领促进产业发展，加强村支部建设，组建农村电商合作社，聚力打造"学校＋企业＋合作社＋农户"的发展模式，大力支持当地发展土鸡养殖业，建设 2 000 平方米养鸡场，养殖出栏土鸡 5 000 只，实现经济收入 60 万元，不断增强"造血"功能，促进了该村产业发展和群众稳定增收。如图 4 - 4 - 17 和图 4 - 4 - 18 所示。

图4-4-17 神溪村为陕西交通职业技术学院赠送牌匾　　图4-4-18 西乡县神溪村鸡舍

案例4-12 咸阳职业技术学院助力渭北旱腰带地区农业产业结构调整

咸阳职业技术学院发挥农科人才资源优势，结合渭河北岸旱腰带和沟壑区自然地理条件，在充分调研的基础上，申报并成功立项陕西省重大科技专项技术创新引导计划项目"大榛子引种示范推广"，如图4-4-19所示，通过大榛子"引种研究+示范推广"，以科技链带动产业链，实现渭北地区乡村振兴、生态恢复、脱贫致富。项目实施以来，已建成科技示范基地4个，栽植大榛子8个品种共130多亩，初步实现效益37万元，为助力渭北旱腰带地区农业产业结构调整，打造特色产业品牌，助推脱贫攻坚和乡村振兴实现提档加速增效奠定坚实基础。

图4-4-19 咸阳职业技术学院开展"大榛子引种示范推广"项目

（五）抗击疫情

全省高职院校始终把保持校园平安稳定和保障师生身体健康工作摆到重要位置，常抓不懈。各校严格贯彻落实习近平总书记关于做好疫情防控工作所作的一系列指示精神和要求，成立疫情防控机构，加强校园管理，落实师生疫苗接种，筑牢安全防线。

案例 **4 – 13**　协助抗击新型冠状病毒感染：积极应对学院新型冠状病毒感染防控工作新挑战

2021 年 7 月 10 日，杨凌职业技术学院药物与化工学院杨某某同学被甄别为广东返陕新型冠状病毒无症状感染者的密切接触者。为确保全校师生员工健康安全，学校立即启动疫情防控应急预案，迅速开展全校师生核酸检测工作。根据学院疫情防控工作安排，一是在西校区和北校区分别设置了集中隔离观察点，成立集中隔离观察点工作专班，加强与属地的沟通协调；二是抽调医护人员在集中隔离观察点对隔离人员进行每日监测和应急处置；三是积极筹措疫情防控物资，加强疫情防控物资的储备管理和使用；四是加强校园管理，做好生活服务保障工作，安排后勤保障处加强物资保障；五是加强学生的教育、管理和引导及心理疏导工作，通过线上活动，开展"正禾"育人工程活动，丰富学生校园生活；六是教学应急组做好协调安排，制定应急教学方案，通过线上教学、线上考试等方式，合理安排师生的教学工作；七是开展舆情管控和正面宣传，有效消除疫情给学校带来的不良影响；八是积极与属地卫健和疾控部门联系，加快推进疫苗接种进程。如图 4 – 4 – 20 和图 4 – 4 – 21 所示。

图 4 – 4 – 20　杨凌职业技术学院工作人员喷洒消毒水　　　　图 4 – 4 – 21　为学子统一接种疫苗

五、国际合作

（一）国际交流

陕西省积极应对新型冠状病毒感染对国际交流合作工作的持续影响，瞄准国际化技术技能人才培养目标，探索"中文＋职业技能"的国际化发展模式，推动我国职业教育走出去，服务国家"一带一路"建设，举办陕西省职业教育国际化推进会，推介海内外优质教育资源，分享交流职业院校国际化发展成功案例及在国际化人才培养等方面的新思路、新对策和新展望。

案例 5 – 1 举办 2021 年"一带一路"职教联盟第五届国际职教论坛

2021 年"丝绸之路"教育合作交流会于 5 月 12 日在西安开幕。在"文明互鉴 交流共享"的会议主题下，"一带一路"职教联盟第五届国际职教论坛于 5 月 12 日成功举办，如图 4 – 5 – 1 所示。本次论坛由陕西省教育厅、"一带一路"职教联盟主办，陕西职业技术学院承办。论坛的主题是"新开局、新合作，构建'中文＋职业教育'线上国际课程推广平台"，探讨职业教育热点、难点问题，聚焦线上国际课程推广平台建设。论坛采取线上线下并行的形式举行。乌克兰驻华使馆一秘瓦列里·布隆斯基赫，"一带一路"职教联盟特聘专家、教育部职业技术教育中心研究所主任刘育锋，教育部中外语言交流中心中文联盟主席王锦红，陕西省教育厅原巡视员孙建宁，陕西省教育厅外事处处长文通等领导和嘉宾出席，来自德国、乌克兰、日本、新加坡、尼泊尔等国家以及陕西、广东、浙江等省市 26 所高职院校和企业、媒体记者共计 100 余人参加现场论坛，还有 200 余人线上参加，签订 8 份中文＋职业教育协议。

图 4 – 5 – 1 陕西职业技术学院承办"一带一路"职教联盟第五届国际职教论坛

案例 5 – 2 陕西工业职业技术学院主办 2021 现代职业教育高质量发展国际研讨会

2021 年 11 月 16 日，陕西工业职业技术学院主办的 2021 现代职业教育高质量发展国际研讨会成功举办。本次会议得到了联合国教科文组织国际职业教育中心、新西兰教育国际推广局、中国教育国际交流协会"一带一路"教育国际交流分会、复旦大学等单位的大力支持。美国、德国等 13 个国家和地区的近 500 名代表通过线上参会。本次会议以"构建富有活力、合作、多样的职教体系"为主题，邀请政府官员、职教组织、院校领导宣传职业教育成功经验，推进国际交流合作，规划职业教育美好蓝图，共谋国际合作新篇章。如图4-5-2和图4-5-3所示。

图4-5-2　陕西工业职业技术学院主办2021现代职业教育高质量发展国际研讨会

图4-5-3　国外政府官员、职教组织和院校领导致辞并做主旨报告

（二）海外办学

受新型冠状病毒的影响，我省高职院校海外办学工作开展困难，但是我省各高职院校采用线上交流等方式，继续加强与国际高水平职业教育机构和组织合作，积极探索海外办学模式，不断提升中外合作办学水平，积极打造高水平国际化的职业学校与中国特色职业教育品牌。

案例5-3　西安职业技术学院等三所院校与韩国国立群山大学开展合作办学

2021年5月，西安职业技术学院、陕西国防工业职业技术学院、陕西交通职业技术学院三所院校与韩国国立群山大学国际交流合作项目签约暨共享专业揭牌仪式在陕西国防工业职业技术学院顺利举行。韩国国立群山大学校长郭炳善、国际处处长朴时均、国际开放课程中国部部长金桂台也在线参加了签约仪式。在与会人员的共同见证下，三所院校与韩国国立群山大学校长郭炳善分别签署了合作协议，韩国群山大学在三所院校设立的"共享专业教学站"及三所院校在群山大学设立的"教师工作站"同时揭牌，如图4-5-4所示。三所院校与韩国群山大学成功签约得到了西北大学中韩中心的鼎力支持，也打破了韩国国立大学与国内高职院校签约的历史，签约的MOU将在韩国大使馆备案，对以后三所院校师生前往韩国群山大学学习、交流提供了便利，也必将促进三所院校与韩国高校其他国际交流合作项目的顺利开展。

图4-5-4 三所院校联合在韩国群山大学设立"教师工作站"

（三）国际认证

陕西省高等职业院校依托自身办学优势和受援国的实际需求，不断研究分析国家间职业教育各类标准，积极探索职业教育标准输出体系，拓宽职业教育标准输出路径，聚焦具有普遍性和可复制性标准的开发，推出了一批具有国际影响力的专业标准、课程标准、教学资源。目前，陕西高等职业院校开发的27个专业教学标准与277个课程标准已被国（境）外采用。

案例5-4 陕西铁路工程职业技术学院不断加速输出高质量课程标准

陕西铁路工程职业技术学院持续深化"一带一路"合作，推动国际化课程、资源共建及标准交流，加入教育部"百千万"计划、"一带一路"国际教育合作创新联盟理事会单位、东南亚职业教育产教融合联盟等组织，积极与共建"一带一路"国家高校开展师生互培、教学资源建设、标准共享；强化"中巴职业技术培训国际合作论坛暨职业教育资源展览洽谈会"成果落地，为巴基斯坦无限工程学院开设远程在线教育培训班，为巴方 25 名学员开展 44 课时的工业机器人双语课程，共享工业机器人、机电一体化等领域人才培养培训标准和方案 10 余个，共同完成培训教程教材编写、翻译等 7 部，提升巴方职业院校师资培养水平、专业建设水平、人才培养水平。学校积极与中文联盟合作，搭建"中文＋职业教育"学习平台，以网络"直播＋点播"课程形式，开展职业类慕课课程国际化，推动优质课程建设与推广，共为泰国 23 名学员开设"HSK 标准课程"4 级直播课，推出"工业机器人技术基础与应用"，以及中国文化课与当代国情等点播课程，全方位为国际学生提供更高效、便捷的学习体验。

（四）双向留学

陕西省持续加强对外合作与交流，以职业院校设立的海外分院为基础，不断拓宽教师、学生升学与留学渠道。省内高等职业院校积极与国（境）外院校合作开展语言培训、课程共建、学生交换、教师学历提升等项目，建立更加密切、友好的合作关系，推动职业教育国际化发展。

案例 5–5　西安铁路职业技术学院"国际交通学院"留学生成绩斐然

西安铁路职业技术学院与俄罗斯合作成立办学机构——国际交通学院，经过五年的探索与实践，已形成完善的教学体系与管理机制。目前，国际交通学院共有在校生 753 人，赴俄深造学生数累计达 129 人，其中 38 名学生完成本科段学业，顺利进入莫斯科国立大学、莫斯科国立师范大学和圣彼得堡国立交通大学等攻读硕士学位，毕业生就业地方行业企业，就业率连年保持在 95% 以上，取得了良好的社会影响力与认可度。受疫情影响，本学年俄罗斯圣交大专家承担的部分专业课程采用在线远程授课方式，均按计划正常开课、结课，完成了既定的学生培养目标。

（五）技能大赛

陕西省通过鼓励学生积极参与国（境）外技能大赛，将技能大赛作为培养、选拔高水平技能型人才的一个重要平台，利用技能大赛促进职业院校与行业企业的产教结合，更好地为中国经济建设和社会发展服务。2021 年，陕西高职院校参加国（境）外技能大赛并获奖 5 项。

六、政策保障

（一）加强顶层设计

省委、省政府高度重视职业教育，先后召开省委常委会、省政府常务会，研究部署职业教育工作，将职业教育纳入区域经济社会发展全局谋划，破解职业教育关键性问题，理顺了省、市、县、校四级职业教育的事权和责任，省级层面制定全省职业教育改革发展规划，市级层面统筹发展区域职业教育，县级层面负责落实发展职业教育的政策措施，职业院校发挥办学主体作用，激发职业教育发展的内生动力和外部合力，为推动我省职业教育向多元办学、特色鲜明的类型教育转变提供了机制保障。

（二）加大投入力度

积极实施创新发展行动计划、中国特色高水平高职学校和专业建设计划、提质培优行动计划等，高等职业教育取得长足进步。"十三五"以来，高职教育经费总投入由 2016 年的 57.55 亿元增加到 2020 年的 74.59 亿元，增幅 29.61%；我省高等职业院校由 37 所增加到 40 所，在校生规模增至 48.78 万人；持续支持国家"双高计划"院校建设，陕西省计划共投入 35.79 亿元支持"双高计划"建设，目前，8 所高职院校入选全国"双高计划"建设院校，数量位居全国第 8 位、西部地区第 2 位；继续落实教育部等九部委《职业教育提质培优行动计划（2020—2023 年）》，全省确定承接项目 43 项，任务 3 693 个，未来三年项目投入总预算 101.39 亿元。

（三）推进放、管、服改革

进一步转变政府职能和管理方式，支持高校适应创新发展需要，推进治理结构改革。在教师招聘方面，陕西省积极落实高职院校用人自主权，公办高职院校可在编制 20% 内自主聘用专业教师，从 2019 年起，高职院校相关专业教师原则上从具有 3 年以上企业工作经历并具有高职以上学历的人员中公开招聘。在联合办学方面，创新开展联办本科专业教学点试点工作，高职院校和本科院校自主对接，陕西工业职业技术学院等 8 所国家"双高计划"院校联合陕西理工大学等普通本科院校，开展本科层次专业人才培养，为我省职业院校开办职业本科专业探索了路径。

七、挑战与展望

（一）问题导向

1. 产教融合发展不够深入

国家出台了《职业学校校企合作促进办法》等一系列文件，但企业参与的积极性不高。多元化办学、校企合作、产教融合缺乏操作层面的实施细则，探索混合所有制办学缺乏政策支撑，需要从政府层面探索建立基于产权制度和利益共享机制的混合所有制办学实施细则，针对国有资产等难点问题，从法律层面引导与保障学校和企业深度合作，打破职业院校不敢突破、合作企业不愿试点的僵局。产业研究院建设标准及考核机制有待加快建立，服务发展范围亟须拓展，校企人员"互兼互聘"计划有待加快落实，基于产教融合的产业导师库建设、双师队伍建设亟须加快推进。

2. 高质量师资队伍仍需优化

经济社会发展与产业转型升级对陕西省内高职的技术技能人才培养、技术积累和社会服务能力提出了新的要求，迫切需要一支理念先进、数量充足、结构合理、专兼结合的师资队伍。陕西省内高职个别专业教师结构性矛盾较为突出，专业领军人物和具有影响力的技术技能带头人短缺。

3."双高计划"带来的挑战

"双高计划"建设任务繁重。"双高计划"每五年为一个支持周期，实行"总量控制、动态管理，年度评价、期满考核，有进有出、优胜劣汰"的管理机制。这既是机遇，更是挑战，陕西省内"双高计划"院校唯有重视责任担当、认清现状、谋划未来、坚持目标导向、大胆创新、强化落实，才能应对高水平高职院校建设带来的挑战。

4."职教本科"带来的挑战

《国家职业教育改革实施方案》明确提出开展职业教育、本科教育办学试点工作。对标《职业本科学校设置标准》，在基础条件、师资队伍等方面还存在一定差距。"双高"院校对探索实践职教本科有基础、有想法、有动力。我省目前采取与普通本科联办专升本的方式，尚不能从根本解决"中高本"衔接的现代职教体系问题，需要拓展升学空间，依托高水平专业群中的骨干专业，试点本科层次职业教育。

（二）创新发展

1.加大人才引进及培养

加大人才引进及培养。做好人才引进工作，突出"高精尖缺"导向，围绕战略布局和专业发展方向，更加精准地引进高层次人才；加大兼职教师聘用力度，组建兼职教师库，重点培养一批专业的领军人物、青年骨干人才；发挥高层次人才的示范带动作用，建立一批院士工作站、大师工作室。

2.深化产教融合、校企合作

产教融合已成为整个中国高等教育的总体战略布局，成为我国人才培养与社会需求供给侧和需求侧无缝对接的战略举措。要深化校企合作、产教融合，积极推动校企协同育人，与更多优质企业开展合作，资源共享、优势互补，助力专业建设和发展，努力拓宽校企合作与社会服务空间，实现教育资源的优化组合与各高校的可持续发展。

3.推动国家"双高计划"高职院校办成本科层次职业学校

构建贯通中职、高职、应用型本科及以上层次的现代职业教育体系，探索中国特色学徒制，加强创新型、应用型、技能人才型培养；稳步发展职业本科教育，高标准建设职业本科学校和专业，鼓励应用型本科学校开展职业教育；推动国家"双高计划"高职院校发展本科及以上层次教育，争取率先建成中国特色的世界一流职业院校。

八、附表

附表 1 计分卡

序号	指标	单位	2020 年	2021 年	备注
1	就业率	%	84.71	89.80	
2	毕业生本省就业比例	%	57.45	62.30	
3	月收入	元	3 634	3 672	
4	理工农医类专业相关度	%	77.16	77.29	
5	母校满意度	%	95.07	95.50	
6	自主创业比例	%	1.10	0.55	
7	雇主满意度	%	94.97	94.85	
8	毕业三年晋升比例	%	40.76	33.62	

附表 2 学生反馈表

	指标		单位	2020 级	2021 级	备注
1	全日制在校生人数		人	152 665	165 977	
2	教书育人满意度					
	（1）课堂育人	调研人次	人次	132 294	112 838	
		满意度	%	95.42	95.36	
	（2）课外育人	调研人次	人次	65 696	72 780	
		满意度	%	94.33	94.40	
3	课程教学满意度					
	（1）思想政治课教学	调研课次	课次	11 538	16 238	
		满意度	%	95.70	95.92	
	（2）公共基础课（不含思想政治课）	调研课次	课次	12 836	17 895	
		满意度	%	95.12	94.76	
	（3）专业课教学	调研课次	课次	16 989	22 431	
		满意度	%	95.48	95.30	

续表

	指标		单位	2020 级	2021 级	备注
4	管理和服务工作满意度					
	（1）学生工作	调研人次	人次	55 372	67 178	
		满意度	%	94.45	94.35	
	（2）教学管理	调研人次	人次	55 230	65 168	
		满意度	%	95.56	95.33	
	（3）后勤服务	调研人次	人次	48 987	61 787	
		满意度	%	91.42	91.36	
5	学生参与志愿者活动时间		人·日	204 999	207 928	
6	学生社团参与度					
	（1）学生社团数		个	1 162	1 323	
	（2）参与各社团的学生人数		人	50 152	59 551	

附表 3　教学资源表

序号	指标	单位	2020 年	2021 年
1	生师比	/	15.30	15.65
2	双师素质专任教师比例	%	50.85	51.31
3	高级专业技术职务专任教师比例	%	30.17	29.45
4	教学计划内课程总数	门	797.31	1 058.10
	其中：线上开设课程数	门	291.65	230.42
	线上课程课均学生数	人/门	103.25	231.15
5	校园网主干最大带宽	Mb/s	5 595.83	6 763.59
6	校园网出口带宽	Mb/s	4 246.53	4 574.99
7	生均校内实践教学工位数	个/生	1.52	0.63
8	生均教学科研仪器设备值	元/生	14 723.61	13 121.58

附表 4　国际影响表

序号	指标	单位	2020 年	2021 年	备注
1	全日制国（境）外留学生人数（一年以上）	人	140	136	/

续表

序号	指标	单位	2020 年	2021 年	备注
2	非全日制国（境）外人员培训量	人·日	41 692	22 890	/
3	在校生服务"走出去"企业国（境）外实习时间	人·日	12 455	26 610	/
4	专任教师赴国（境）外指导和开展培训时间	人·日	22 514	2 687	/
5	在国（境）外组织担任职务的专任教师人数	人	17	38	杨华在太平洋地区服装设计类大学联盟委员会担任委员；袁丰华在太平洋地区服装设计类大学联盟委员会担任委员；钟敏维在太平洋地区服装设计类大学联盟委员会担任委员；胡蓉在太平洋地区服装设计类大学联盟委员会担任委员；约翰斯密斯（外教）在世界职业院校联盟绿色校园委员会担任委员；约翰斯密斯（外教）在联合国教科文组织 UNEVOC 中心担任联络员；康杨杨在太平洋地区国际旅游联盟担任协调员；张建华在国标委 SAC/TC121 电热专业委员会担任专家成员；孟繁增在中国南非职业教育合作联盟担任理事；胥航军在中国南非职业教育合作联盟担任理事；孟繁增在中国东盟职业教育合作联盟担任理事；胥航军在中国东盟职业教育合作联盟担任理事；胥航军在陕西省汉语国际教育研究会担任副理事长；孟繁增在陕西省国际人才交流会担任理事；胥航军在陕西省国际人才交流会担任理事；张弛在陕西省国际人才交流会担任理事；周高鹏在陕西省国际人才交流会担任理事；孟繁增在 UK NARIC 中方理事会担任常务理事；胥航军在 UK NARIC 中方理事会担任常务理事；孟繁增在"一带一路"国家院校和企业交流协会中方理事会担任副理事长；胥航军在"一带一路"国家院校和企业交流协会中方理事会担任副理事长；王闯在荷兰 ELSEVIER 担任审稿人；李运通在美国数学学会"数学评论"担任评论员；王津在俄罗斯萨马拉国立交通大学担任兼职教授；王闯在俄罗斯萨马拉国立交通大学担任兼职教授；庞旭卿在俄罗斯萨马拉国立交通大学担任兼职教授；蔡昱在俄罗斯萨马拉国立交通大学担任兼职副教授；李晓燕在俄罗斯萨马拉国立交通大学担任兼职副教授；王云波在俄罗斯萨马拉国立交通大学担任兼职副教授；杨卫军在 21 世纪海上丝绸之路职教研究会专家指导委员会担任专家委员；吴旭锦在创造太阳乌干达石油学院中非国际教育合作与交流专家委员会担任副主任；张卫婷在创造太阳乌干达石油学院中非国际教育合作与交流专家委员会担任副秘书长；吴旭锦在中国东盟职业教育国际合作联盟中方理事会担任成员；魏文萍在中国东盟职业教育国际合作联盟中方理事会担任成员；吴旭锦在 UK Naric 中方理事会担任常务副理事长；魏文萍在 UK Naric 中方理事会担任副秘书长；腾威在土耳其孔子学院担任汉语教师

续表

序号	指标	单位	2020 年	2021 年	备注
6	开发并被国（境）外采用的专业教学标准数	个	26	26	开发机械制造与自动化专业教学标准被赞比亚、尼日利亚采用；开发计算机网络技术、数字媒体应用技术、移动应用开发技术、计算机信息管理、电子应用技术、数字媒体应用技术、会计、智能控制技术、财务管理、工商企业管理、旅游管理、软件技术、计算机应用技术、光伏发电技术等专业教学标准被尼日利亚、马拉维院校采用；开发工业机器人专业教学标准被巴基斯坦无限工程学院、泰国坦亚武里皇家理工大学采用；开发物联网技术专业教学标准被韩国国立群山大学、巴基斯坦无限工程学院采用；开发石油化工安全技术专业教学标准被巴基斯坦无限工程学院、泰国坦亚武里皇家理工大学采用；开发现代农业技术标准被荷兰朗蒂斯教育集团采用；开发水利工程专业教学标准被几内亚科纳克里大学采用；开发现代节水工程教学标准被以色列国家采用；开发铁路线路、桥隧、通信、信号、供电、运输、调车及高速铁道工程技术 8 个专业的教学标准被肯尼亚 RTI 铁路培训学院、俄罗斯萨马拉国立交通大学和菲律宾国家铁路局采用；开发 SGAVE 人才培养方案被中国、德国采用；开发经济数学、PLC 技术、计算机基础、工程绘图、机械原理、电气电子技术、机械制造技术、液压技术、设备维护、企业生产管理等、创新创业、电工技术、基础电磁学、工程力学等、工业汉语等（182 个）课程标准被赞比亚、尼日利亚、马拉维院校采用；开发现代农业技术课程标准（8 个）被荷兰朗蒂斯教育集团采用；开发水利工程技术课程标准（6 个）被几内亚科纳克里大学采用；开发现代节水工程课程标准（5 个）被以色列国家采用；开发工业机器人课程标准被泰国坦亚武里皇家理工大学采用；开发物联网技术课程标准被韩国国立群山大学、巴基斯坦无限工程学院采用；开发石油化工安全技术课程标准被巴基斯坦无限工程学院、泰国坦亚武里皇家理工大学采用；开发 SGAVE 人才培养方案被中国、德国采用；开发铁路线路、桥隧、通信、信号、供电、运输、调车及高速铁道工程技术等（66 个）课程标准被肯尼亚 RTI 铁路培训学院、俄罗斯萨马拉国立交通大学和菲律宾国家铁路局采用
	开发并被国（境）外采用的课程标准数	个	293	277	

续表

序号	指标	单位	2020 年	2021 年	备注
7	国（境）外技能大赛获奖数量	项	20	5	赵瑞在蓝桥杯大学生计算机编程国际赛获二等奖；王金彪在蓝桥杯大学生计算机编程国际赛获三等奖；杜诗杰、管少杰在 2020 "一带一路" 暨金砖国家创新与发展技能大赛人工智能训练与应用大赛获二等奖；李佳欣、李亚飞在 2020 "一带一路" 暨金砖国家创新与发展技能大赛人工智能训练与应用大赛获三等奖；张国龙、李建文在 2020 "一带一路" 暨金砖国家创新与发展技能大赛无人机应用技能远程研判大赛，获三等奖
8	国际合作科研平台数	个	/	2	陕西国防工业职业技术学院—韩国国立群山大学教师海外工作站成立于 2021 年 5 月；高铁建设国际人才教育职教联盟由陕西铁路工程职业技术学院联合俄罗斯萨马拉国立交通大学等境外高校于 2020 年 7 月成立

附表 5　服务贡献表

序号	指标	单位	2020 年	2021 年	备注
1	全日制在校生人数	人	296 408	378 526	
	毕业生人数	人	85 779	93 116	
	其中：就业人数	人	72 706	84 757	
	毕业生就业去向	/	/	/	
	A 类：留在当地就业人数	人	42 318	49 492	
	B 类：到西部地区和东北地区就业人数	人	52 960	60 474	
	C 类：到规模以下企业等基层服务人数	人	43 204	48 650	
	D 类：到规模以上企业就业人数	人	17 462	20 915	
	其中：到 500 强企业就业人数	人	10 928	13 194	
2	横向技术服务到款额	万元	3 658.73	10 012.73	
	横向技术服务产生的经济效益	万元	22 215.3	39 004.26	

续表

序号	指标	单位	2020 年	2021 年	备注
3	纵向科研经费到款额	万元	2 147.05	2 005.17	
4	技术交易到款额	万元	1 233.47	2 005.48	
5	专利申请/授权数量	项/项	753/587	1 301/1 246	
	其中：发明专利申请/授权数量	项/项	124/19	412/82	
6	专利成果转化数量	项	5	13	
7	专利成果转化到款额	万元	333.3	19.6	
8	非学历培训项目数	项	1 104	1 944	
9	非学历培训时间	学时	3 989 509	4 386 491	
10	非学历培训到账经费	万元	15 543.68	17 913.55	
11	公益性培训服务	学时	225 541	391 212	
主要办学经费来源（单选）： 省级财政（　　） 地市级财政（　　） 区县级财政（　　） 行业企业（　　） 其他（　　）					

附表 6　陕西省高职落实政策表

序号	指标	单位	2020 年	2021 年
1	年生均财政拨款水平	元	13 070.68	14 081.91
	其中：年生均财政专项经费	元	5 914.64	5 788.46
2	教职员工额定编制数	人	16 728	18 307
	在岗教职员工总数	人	21 620	23 429
	其中：专任教师总数	人	14 248	16 229
3	企业提供的校内实践教学设备值	万元	33 671.71	36 727.38
4	生均企业实习经费补贴	元	402.44	388.46
	其中：生均财政专项补贴	元	43.02	54.64
5	生均企业实习责任保险补贴	元	27.80	30.09
	其中：生均财政专项补贴	元	7.17	7.34
6	企业兼职教师年课时总量	课时	681 544.25	670 490.90
	年支付企业兼职教师课酬	元	37 024 835.99	40 216 614.55
	其中：财政专项补贴	元	2 705 977	2 602 104.30

陕西高等职业教育质量年度报告
（2022 年）

一、基本情况

陕西高职院校各类全日制在校生40.13万人，较2021年34.89万人上升5.24万人；校均10 561人，较2021年9 968人上升592人；专任教师17 567人，校均462人；在8所"双高"院校开展的本科层次职业教育改革试点培养中，招生计划共计635人，计划数与2021年持平；有5所院校接收国（境）外留学生共306人；毕业生人数为12.05万人，较2021年上升2.85万人。

（一）院校分布

陕西省40所高等职业院校，其中高职院校38所，平均每百万人口0.96所；职业教育本科试点院校2所，平均每百万人口0.05所。所有院校分布在全省10个地市（全覆盖），其中省会城市西安市较为集中，共有18所，占比47.4%；其他各地市分别为咸阳市6所，宝鸡市3所，渭南市、汉中市、榆林市各2所，铜川市、延安市、商洛市、安康市、神木市各1所，如图5－1－1所示。

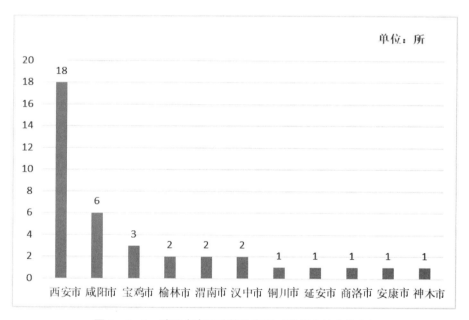

图5－1－1 陕西省高职院校分布图（按所在地市分布）

（二）院校类型

按办学性质分类：公办院校29所，占76.3%；民办院校9所，占23.7%，如图5－1－2所示。

按办学主体分类：省属院校16所，占42.1%；市属院校12所，占31.6%；社会资本举办的民办院校8所，占21.1%；行业和其他部门举办院校2所，占5.2%，如图5－1－3所示。

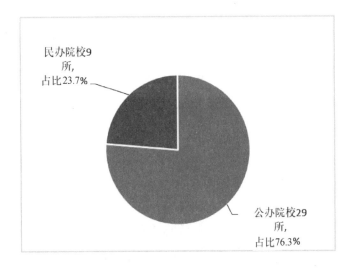

图 5 - 1 - 2　陕西省高职院校分布图（按办学性质分类）

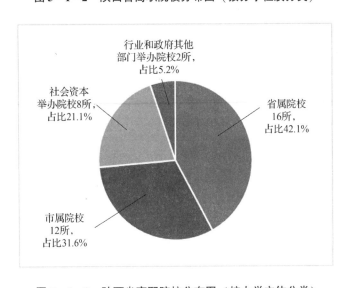

图 5 - 1 - 3　陕西省高职院校分布图（按办学主体分类）

按"双高计划"建设类型分类：国家"双高计划"高水平院校建设单位 4 所，国家"双高计划"高水平专业群建设单位 4 所，各占 10.53%；省级"双高计划"高水平高职学校建设单位 13 所（A 类 4 所，B 类 4 所，C 类 5 所），占 34.21%；省级"双高计划"高水平专业群建设单位 17 所，占 44.73%。

按示范性分类：国家示范院校 3 所，国家骨干院校 3 所，各占 7.9%；省级示范院校 12 所，占 31.58%。

按院校类型分类：综合类院校 14 所，占 36.84%；理工类院校 15 所，占 39.48%；财经类院校 5 所，占 13.16%；农业类院校、医药类院校、政法类院校、艺术类院校各 1 所，分别占 2.63%，如图 5 - 1 - 4 所示。

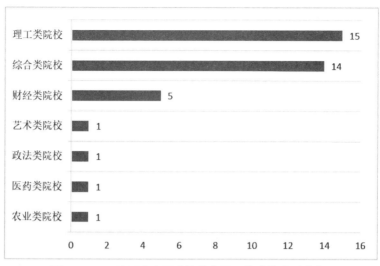

图 5 - 1 - 4   陕西省高职院校分布图（按院校类型分类）

（三）学生规模

陕西高职院校全日制在校生 40.49 万人，较 2021 年 34.89 万人上升 5.6 万人。全省万人以上规模的高职院校 20 所，5 000~10 000 人规模的 9 所，3 000~5 000 人规模的 5 所，低于 3 000 人规模的 4 所，如图 5 - 1 - 5 所示。目前，超过 20 000 名在校生的院校有 4 所，分别是陕西工商职业学院、陕西工业职业技术学院、杨凌职业技术学院和宝鸡职业技术学院，在校生规模分别为 23 182 人、21 960 人、21 810 人和 20 342 人。

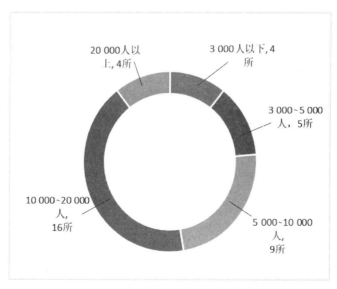

图 5 - 1 - 5   陕西省高职院校在校生规模分布

（四）办学资源

在陕西省委教育工委、省教育厅的稳步推进和政策支持下，职业教育作为类型教育的地位得到巩固和加强，高职院校基本办学条件得到逐步改善，各项检测办学资源指标均达到国家合格标准。其中具有高级职务教师占专任教师的比例达29.51%，双师素质专任教师占比49.11%，教学计划内课程总数达26 224门、410.4万学时，生师比达21.51，在校生满意度达95.53%，生均教学科研仪器设备值为11 015.23元/生，生均校内实践教学工位数0.86个/生，互联网出口带宽达7 098 Mb/s，校园网主干最大带宽达12 401 Mb/s，基本满足院校发展和学生教学需求，为人才培养质量和办学水平的提高提供了良好的物质保障。

二、学生发展

陕西省坚持把职业教育作为一种教育类型的定位，立足国家建构现代职业教育体系的发展需求，围绕学生发展，建立健全多形式衔接、多通道成长、可持续发展的梯度职业教育人才培养体系，努力让不同禀赋和需要的学生能够多次选择、多样化成才，培养高水平技术技能人才，服务经济社会发展和国家发展战略。

（一）招生情况

2022年，陕西省高职院校坚持以习近平新时代中国特色社会主义思想为指导，始终围绕国家深化考试招生制度改革进行招生工作，积极有力应对年内数轮疫情对招生各项工作的不利影响，团结协作，扎实履职，较好地完成了各项年度目标任务，在进一步稳定招生规模的同时，生源质量提升趋势明显。其中本科层次职业教育试点招生计划数持续稳定，共申报计划数6 035人；高职（专科）批次共录取考生43 935人，较2021年减少2 140人；高职（专科）批次计划完成率80%，较2021年提高18%；分类考试招生共录取62 908名，较2021年提高15%；陕西工业职业技术学院、杨凌职业技术学院、西安铁路职业技术学院、陕西铁路工程职业技术学院和陕西交通职业技术学院5所院校共招收留学生306人。

（二）职业素养

1. 加强学生党建，坚守立德树人

陕西高职院校高度重视学生党建教育，不断加强学生党建工作，严把学生党员发展关，提升学生党员素质。各高职院校积极组织学生学习党史和党的二十大精神，通过坚持开展"国旗下的成长"主题教育活动、"永远跟党走"红色故事演讲、"观看红色电影，汲取奋进力量""缅怀革命先烈，讲好红色故事"等主题党日系列活动，引导学生传承红色基因，践行初心使命，用实际行动诠释新青年的使命与担当。陕西高职院校坚持以立德树人为根本，遵循思想政治工作规律、人才培养规律、职业教育规律和学生成长规律，围绕学生成长成才需求，助力学生全面成长成才。

案例 2 - 1 陕西工业职业技术学院发挥微信公众号育人优势，做好大学生党员思政教育

陕西工业职业技术学院立足党员实际，结合时代发展和学生党员特点，利用"陕西工院友治之声"公众号，积极构建了"时时可得、处处可及"的思政育人生态，其中《从五个方面浅谈与学生的沟通之道》《谈心谈话高效进行的"三部曲"》分别荣获全国高校"十大育人"网络作品征集活动二等奖和三等奖；以该平台为载体的案例和视频，先后荣获第一届全国高校思想政治工作"金微课"征集活动优秀奖（见图 5 - 2 - 1）、第五届陕西高校网络教育优秀作品推选展示活动优秀工作案例三等奖和微课优秀奖，并申报陕西省首批陕西高校网络思想政治工作实践项目 1 项。

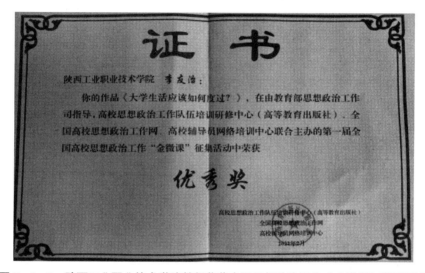

图 5 - 2 - 1 陕西工业职业技术学院教师荣获全国思想政治工作"金微课"荣誉证书

案例 2 - 2 陕西航空职业技术学院"永远跟党走 奋进新征程"主题团日活动

2022 年 7 月 11 日，由陕西航空职业技术学院团委主办的"永远跟党走奋进新征程"主题团日活动在骆家坝"中国工农红军第二十九军革命烈士纪念碑"前举行，如图 5 - 2 - 2 所示。学院团委委员、学生代表、学生党员、共青团员代表近 50 人参加本次活动。在活动中，全体师生追忆历史、追思英雄、接受洗礼、砥砺初心，情感上产生共鸣，思想上接受教育，精神上受到鼓舞，弘扬英烈的崇高品质，更好地履行党中央赋予的职责，以优异的成绩庆祝建团一百年，迎接党的二十大胜利召开。

案例 2 - 3 陕西国防工业职业技术学院开展打造好党课实践活动

陕西国防工业职业技术学院坚持党建引领发展，将立德树人作为根本任务，在 2022 年"七一"到来之际，举办了"喜迎二十大永远跟党走奋进新征程"庆祝中国共产党成立 101 周年主题党课实践活动，师生党员代表 1 000 余人共同参加红歌大合唱、重温入党

图 5 - 2 - 2 陕西航空职业技术学院"永远跟党走奋进新征程"主题团日活动

誓词、向党"表白"、向党员先锋队授旗、老党员为新入党学生党员代表佩戴党员徽章等系列活动，营造喜迎党的二十大浓厚氛围，坚定不移听党话、跟党走、坚持真理的理想信念，激励学生争做勇立潮头的时代先锋，当好党的可靠助手和坚强后备军，如图 5 - 2 - 3 所示。

图 5 - 2 - 3 陕西国防工业职业技术学院开展庆祝中国共产党成立101周年党日活动

案例 2 - 4 渭南职业技术学院全校同上"抗疫"思政大课

渭南职业技术学院各级领导干部深入二级学院，利用晚自习时间以主题班会的形式，围绕"疫情大考下的中国和中华优秀传统文化"这一主题与青年学生探讨交流，共上 1 116 堂思政大课。51 名专兼职思政教师在"毛泽东思想和中国特色社会主义理论体系概论""心理健康与职业生涯"等课程中融入疫情防控知识及思政育人元素，共上 123 节思政大课；440 余名专业课教师结合专业特点，加强课程思政教育工作。这堂深刻的"抗疫"思政大课全校共 13 000 余名学生参加，参与率 100％，实现全员参与、全域覆盖和全方位推进，如图 5 - 2 - 4 所示。

图 5 - 2 - 4　渭南职业技术学院全校同上"抗疫"思政大课

案例 2 - 5　榆林职业技术学院召开第一次学生代表大会

2021 年 12 月 11 日，榆林职业技术学院召开第一次学生代表大会，大会选举产生了榆林职业技术学院第一届学生委员会委员 15 名，如图 5 - 2 - 5 所示。第一次学生代表大会不仅是职院学生提振精神、开拓进取的一次大会，更是勇于担当、齐心协力、开创未来的盛会。青年学子要坚持用习近平新时代中国特色社会主义思想武装头脑，坚定理想信念，自觉增强"四个意识"，坚定"四个自信"，做到"两个维护"；深入践行社会主义核心价值观，努力学习、掌握科学知识，积极投身社会实践，在平凡的岗位上做不平凡的事。

图 5 - 2 - 5　榆林职业技术学院第一次学生代表大会

案例2-6 杨凌职业技术学院实施"正禾"育人工程

杨凌职业技术学院紧扣立德树人根本任务,聚焦"三全育人"体制机制建立,创新实施"正禾"育人工程;聚焦三教改革,搭建工程架构;围绕推进"三全育人"综合改革,加强顶层设计,强化高位推动,实施"正禾"育人工程;聚焦机制创新,推进多元参与;建立协同联动工作机制,努力构建"党政协同育人、党员干部带头育人、思政教师专业育人、辅导员与班主任合力育人"育人格局;聚焦见行见效,打造品牌活动。"正禾"育人工程的实施,推出了一批特色鲜明、影响力大、带动性强的活动,如图5-2-6所示。

图5-2-6 杨凌职业技术学院创新实施"正禾"育人工程

2. 弘扬劳模精神,传承工匠精神

陕西各高职院校积极实施工匠精神传承计划,构建学生职业素质发展培育体系,加大劳模、工匠的技术交流,邀请全国劳模、杰出校友、技能大师进校园开展授课、学术报告和专题讲座,加强学生去企业实践,形成全方位的"劳模精神、工匠精神"培育和传承格局,培养学生创新精神、精益求精的职业态度和敬业精神。

案例2-7 陕西工业职业技术学院技能报国心向党,匠心筑梦致青春

针对高职院校学生技能报国信念不够坚定等问题,依托陕西红色工业教育资源,陕西工院组建红色工业实践团(见图5-2-7),先后赴工矿企业等持续开展"红色工业淬匠心"社会实践,通过"线上调研+线下实践"方式,深入了解青年学生传承工匠精神、劳模精神的现状,按照"五个打造"层层推进,将社会实践落实落细。该项社会实践活动先后在教育部职成司官方微信职教之音、中国青年网、中国共青团杂志报道10余次,并开展"行走的团课"活动,引导广大青年学生跟党走,实学实干,练就技能成才报国。

图5-2-7 陕西工业职业技术学院红色工业实践团

案例2-8 陕西铁路工程职业技术学院开展"劳模进校园"活动

陕西铁路工程职业技术学院以"弘扬劳模精神，奉献伟大祖国"为主题，邀请中铁一局电务公司电力试验所质量负责人窦铁成，全国劳模、国铁西安局西安动车段动车组机械师董宏涛，以及陕铁院毕业生——省劳模、西北电建一公司项目管理部经理王兵飞三位劳模到校与师生座谈，开展劳模报告会、劳模师徒见面会、劳模赠书等系列活动，使劳模精神在陕铁院广大师生间得到充分弘扬。劳模师徒见面会、劳模报告会活动，让学生们感受到了"劳模""工匠""英雄"并不遥远，每一个普通人都可以是英雄，人人都有机会通过劳动和努力成为社会的栋梁。如图5-2-8所示。

图5-2-8 陕西铁路工程职业技术学院开展"弘扬三大精神"系列主题活动

（三）就业质量

2022年，陕西省教育厅全力克服疫情影响，严格落实党中央、国务院有关促就业、保就业等文件和通知精神以及省委、省政府关于"六稳""六保"的决策部署，提前谋划、精心部署，建立健全就业工作机制，拓宽就业渠道，多措并举推进，形成促就业、稳就业工作"组合拳"，实实在在做好毕业生就业服务工作；积极建立职业院校就业联盟，进一步扩大就业岗位和就业机会，从而确保2022届毕业生保持良好的就业态势。

截至2022年8月31日，陕西高职院校毕业生人数为129 103人，毕业生去向落实率为91.19%，比2021年增长1.30%，如图5-2-9所示。其中，留在陕西就业83 204人，到大型企业就业19 655人，到中小微企业等基层服务62 465人，应届毕业生平均月收入4 059.22元，毕业生满意度95.37%，用人单位满意度95.41%，家长满意度95.48%，总体满意度高。

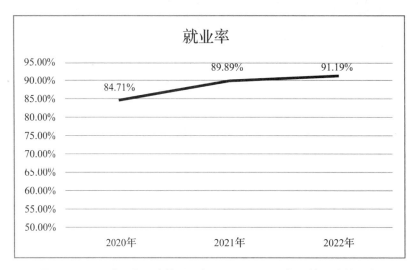

图5-2-9　陕西高职院校近三年（2020—2022年）毕业生就业率

案例2-9　陕西财经职业技术学院携手行业协会，建立优质实习就业资源

为进一步拓展企业岗位资源，加强行业企业合作，2022年6月9—10日，陕西财经职业技术学院与西安市代理记账行业协会17家会员单位及其他行业17家优质企业开展了"互惠互利、实现共赢"的校企合作座谈会及签约授牌活动，建立了优质企业资源库，为毕业生打造了坚实的实习就业资源和岗位储备。经学院就业部门与西安市代理记账行业协会多次联络沟通，6月10日，该协会与学院联合举办了财会类专场招聘会，参会企业50家，提供就业岗位3 000余个，如图5-2-10所示。

案例2-10　延安职业技术学院"访企拓岗"促就业，跑出就业加速度

2022年6月17日，延安职业技术学院党委书记冯奇海带队赴陕西果业延安集团有限公司开展"访企拓岗"促就业专项调研活动，如图5-2-11所示。冯奇海介绍了学校办学特色与优势、招生就业基本情况及此次调研目的。陕西果业延安集团有限公司党委书记、董事长白小平从企业运营、用人需求、校企合作等方面作了简要汇报。双方充分肯定

图 5 – 2 – 10　陕西财经职业技术学院财会类专场招聘会

了合作的成果成效，就进一步加强人才培养合作、专业课程共建、交流互动机制进行了深入探讨。"访企拓岗"是学校强化校企衔接、深化校企合作的重要途径，对提升人才培养质量、促进毕业生高质量就业起着重要作用。

图 5 – 2 – 11　延安职业技术学院党委书记冯奇海赴企业开展"访企拓岗"

（四）职业发展

陕西高职各院校重视学生在校期间的职业发展规划和引导，积极引导学生了解职业和职场，帮助学生对自己的职业发展方向做出合理决策，并以此为目标在大学期间进行职业素质训练，促使学生突破障碍、开发潜能、自我实现，唤起学生将自己的人生道路与职业生涯规划相结合，使学生能够系统地规划自己的职业未来和发展，从而实现"人职匹配"。

案例 2 – 11　陕西能源职业技术学院优秀毕业生王皎锋——梦陕能筑匠心

王皎锋，建筑工程技术专业05级优秀毕业生。工作以来，经过多个基层岗位的学习及自身不断努力，逐步走上领导岗位。他在工作中认真负责，积极进取，所负责的项目管理成果突出，带领团队多次荣获公司"优秀项目部"、质量管理先进单位、效能监察优秀项目部等荣誉，个人荣获"优秀共产党员"称号；学习上逐步提升，2014年毕业于中国地质大学（北京）取得工学学士学位，2019年考入中国地质大学（武汉）攻读硕士，不断开拓进取，创新思路，以优异的工作成绩回报学校、回馈社会。如图5–2–12所示。

图 5 – 2 – 12　陕西能源职业技术学院优秀毕业生王皎锋

案例 2 – 12　陕西交通职业技术学院优秀毕业生郭旭——让青春在新农村建设中闪亮

郭旭，中共党员，陕西交通职业技术学院2019届公路运输与路政管理专业"优秀毕业生"。毕业后，他响应国家号召，放弃创业项目，返乡参加乡村建设。他全心全意为村民谋福祉、俯下身子为村民办实事，深获乡亲父老的信任，如图5–2–13所示。2021年1月被选举为商洛市商州区腰市镇兴胜村党支部书记兼村委会主任；7月当选商洛市商州区第十九届党代表，被中共商洛市商州区腰市镇党委评为"优秀共产党员"；2022年2月，兼任商洛市商州区农村信用联社监事会监事，2022年9月被评为全国大学生基层就业典型人物。

图 5 - 2 - 13　陕西交通职业技术学院优秀毕业生郭旭走访困难村民家庭

案例 2 - 13　西安职业技术学院优秀毕业生杨涛恺坚守初心创新创业

杨涛恺，2017 年毕业于西安职业技术学院图形图像制作专业。在校期间，杨涛恺担任学院学生会体育部部长，荣获国家励志奖学金，并先后获得优秀团员、优秀班干部、学院三好学生等多项荣誉。2019 年，杨涛恺开始自主创业，成立了陕西秦禹桦企业管理咨询有限公司，担任总经理，带领创业团队调动一切积极因素，克服疫情影响，克服各种困难挑战，不遗余力地去实现组织目标。在自主创业的三年来，杨涛恺带领公司创业团队，实现了 5 000 多万元的合同额，为公司各级员工搭建了一个实现就业创业、共同奋斗、实现梦想的工作平台。如图 5 - 2 - 14 所示。

图 5 - 2 - 14　西安职业技术学院优秀毕业生杨涛恺

（五）创新创业

陕西省各高职院校深入贯彻落实省教育厅《关于实施高等学校创新创业教育推进计划的意见》等相关鼓励学生创新创业的文件精神，高度重视学生创业素质培养，融合创新与创业，在双创背景下努力实现以培训促进创业、以创业带动就业的工作目标，并将创新创业教育融入专业教学和人才培养全过程，大力支持学生开展创新实践、科技创新比赛等活动。

案例2-14 陕西国防工业职业技术学院训赛相长，提升双创人才培养质量

陕西国防工业职业技术学院坚持以"互联网＋"创新创业大赛为载体，以提升双创人才培养质量为目标，坚持"面向工程实际问题、面向科技前沿问题"，聘请校外优秀创新创业导师，提升创新思维、强化创业训练，有效提升了参赛项目的质量水平。推荐参赛的32个项目在陕西省省级复赛中百分百获奖，其中金奖8项、银奖16项、铜奖8项，职教赛道金奖数量位居全省第一；在2022年全国总决赛中，《"芯"移物换——动力电池梯次利用引领者》项目团队勇夺职教赛道金奖，该项目以创业带动就业，助力动力电池梯次利用行业的高质量、可持续发展。如图5-2-15所示。

图5-2-15 陕西国防工业职业技术学院大学生创新创业大赛职教赛道金奖项目团队

案例2-15 西安航空职业技术学院突出大赛育人功能，培养创新创业人才

西安航空职业技术学院充分发挥专业优势和教师教育特色，培养了许多创新创业人才和典型。数控技术专业的田东旭同学，就是通过学校课堂学习、双创大赛磨炼出的创新创业人才。他在校期间授权发明专利2项、实用新型专利17项，带领团队获得省级以上创新创业奖项31项。近三年来，西安航空职业技术学院在各种创新创业大赛中获得省级以上奖励131项，在中国国际"互联网＋"大学生创新创业大赛和"挑战杯"中国大学生创业计划竞赛中共获国赛金奖2项、银奖3项、铜奖3项，创新创业实践育人效果凸显。如图5-2-16所示。

案例2-16 陕西财经职业技术学院搭建创业孵化平台，助力大学生创业

陕西财经职业技术学院高职学生自主创业孵化平台能够整合有效资源，并配备专业指导教师为学生创业全过程提供物理空间、配套设施、管理和培训等服务，从而达到扶植和帮助创业及企业发展的目的。经过两年多的努力，赵思晨团队研发出了新式太阳能追踪者系统，该系统能将太阳能转化为电能并将其储存，有利于实现碳中和目标，具有广阔的市场价值，已经实现科技成果的正式顺利转化，如图5-2-17所示。陕西财经职业技术学院高职学生自主创业孵化平台，激发了学生的创新精神和创业热情，为学生创新创业提供了软硬件支持，不断涌现出创业典型。

图 5 - 2 - 16　西安航空职业技术学院田东旭获评陕西毕业生建功立业先进人物

图 5 - 2 - 17　赵思晨团队与合作企业签订合作协议

案例 2 - 17　咸阳职业技术学院在第七届中国国际"互联网＋"大学生创新创业大赛全国总决赛喜获佳绩

2021 年 9 月 14 日，陕西省教育厅发布《陕西省教育厅办公室关于公布第七届中国国际"互联网＋"大学生创新创业大赛陕西赛区获奖名单的通知》（陕教高办〔2021〕19号），咸阳职业技术学院在本届大赛中荣获金奖 7 项、银奖 4 项、铜奖 2 项，学院获职教赛道优秀组织奖。2022 年 1 月 27 日，教育部关于公布《第七届中国国际"互联网＋"大学生创新创业大赛获奖名单的通知》（教高函〔2022〕1 号），咸阳职院在职教赛道获银奖1 项、铜奖 1 项，在青年红色筑梦之旅赛道获铜奖 1 项，实现历史性突破。

案例 2 - 18　陕西工商职业技术学院开展"青年红色筑梦之旅"实践活动

陕西工商职业技术学院创新创业项目团队"小候鸟之家——艺支教"，以学前教育专业学生为主导，深入陕西乡镇小学，以"用艺术点亮孩子未来"为宗旨，开展乡村艺术教育帮扶，弥补乡镇小学艺术教育资源的不足和缺失。借助互联网技术，让更多的乡村孩子也能感受艺术阳光的播洒，如图 5 - 2 - 18 所示。几年来已为近 5 000 多名山村孩子带去 200 多节艺术课程，与长安区汤房庙小学和四坡小学两所学校签订艺支教合作协议，定向长期合作进行艺术类课程的帮扶。该项目在 2022 年的第八届"互联网＋"创新创业大赛中，获得陕西赛区铜奖。

图 5 - 2 - 18 陕西工商职业技术学院创新创业项目团队"小候鸟之家——艺支教"进行艺术类课程帮扶

三、教学改革

陕西省委、省政府把职业教育摆在教育改革创新和经济社会发展更加突出的位置，印发《陕西省职业教育改革实施方案》《关于深化产教融合的实施意见》等系列文件，下功夫调结构、提质量、强师资、建体系，加快推动职业教育"三个转变"。陕西省教育厅深入贯彻落实习近平总书记关于职业教育工作重要指示批示和陕西省职业教育工作会议精神，增强职业教育适应性，提升服务经济社会发展能力。2022 年陕西省 8 所"双高计划"院校省级评价均获"优秀"等次，形成评价报告报教育部。

（一）专业建设

陕西省坚持扶优扶强、突出特色，遴选出 13 个省级高水平高职学校建设单位和 92 个高水平专业群。教育厅职成处深化改革，推进职业学校教师队伍建设，印发《健全职业学校分级分类评价体系及深化职业院校"双师型"教师队伍改革试点实施方案》。

1. 双高专业群建设

全国"双高计划"立项建设单位 197 个，其中我省 8 个（高水平学校建设单位 4 个，高水平专业群建设单位 4 个），占 4.06%，位居全国第 8 位，前 3 位是江苏、浙江、山东；高水平学校方面，我省"双高校"数量位居全国第 4 位（西部地区第 1），前 3 位分别是江苏、浙江、广东。从各省分布来看，"双高计划"建设单位数量的整体趋势是从经济发达地区向欠发达地区逐渐减少，但我省"双高计划"建设单位数量排名明显高于 GDP 排名，见表5-3-1。

表5-3-1 高水平高职学校和专业群建设单位数量情况

区域	高水平学校	高水平专业群	合计	排序	区域	高水平学校	高水平专业群	合计	排序
江苏	7	13	20	1	福建	1	4	5	17
浙江	6	9	15	2	安徽	1	4	5	17
山东	4	11	15	2	吉林	1	3	4	19
广东	5	9	14	4	山西	1	3	4	19
湖南	2	9	11	5	广西	1	3	4	19
重庆	2	8	10	6	甘肃	1	2	3	22
河北	1	9	10	6	云南	1	2	3	22
陕西	4	4	8	8	贵州	1	2	3	22
湖北	1	7	8	8	内蒙古	1	2	3	22
四川	1	7	8	8	新疆	1	1	2	26
北京	3	4	7	11	宁夏	1	1	2	26
天津	3	4	7	11	上海	1	0	1	28
辽宁	1	5	6	13	海南	1	0	1	28
河南	1	5	6	13	青海	0	0	0	30
江西	1	5	6	13	西藏	0	0	0	30
黑龙江	1	5	6	13	/	/	/	/	/

2. 高职院校专业布局

从高职院校开设专业大类和专业类数量来看，其中杨凌职业技术学院专业大类最多，涉及16个专业大类；陕西工业职业技术学院专业类最多，涉及64个专业类；陕西警官职业学院、榆林能源科技职业学院、西安电力高等专科学校三所学校属于特色专业学校，其专业类少于10个，如图5-3-1所示。从总体专业布局数量来看，8所"双高"院校从专业大类到专业类数量均属于陕西省较高水平。

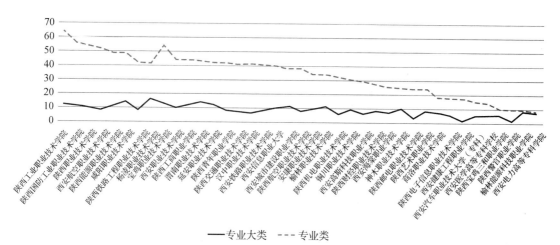

—— 专业大类 --- 专业类

图5-3-1 高职院校专业数量分布情况

3. 专业调整

为加强职业教育供给侧改革，《职业教育专业目录（2021 年）》聚焦专业升级和数字化改造，对应新经济、新技术、新业态、新职业进行了重新设计，并注重加强不同层次专业间的区别和衔接。该目录按照"十四五"国家经济社会发展和 2035 年远景目标对职业教育的要求，在科学分析产业、职业、岗位、专业关系的基础上，对接现代产业体系，服务产业基础高级化、产业链现代化，统一采用专业大类、专业类、专业三级分类，一体化设计中等职业教育、高等职业教育专科、高等职业教育本科不同层次专业，共设置 19 个专业大类、97 个专业类、1 349 个专业，其中高职专科专业 744 个、高职本科专业 247 个。

陕西省高等职业教育 2022 年的专业设置是由省教育厅根据当地就业市场情况、社会需求以及未来发展趋势等因素，结合政府部门发布的政策、引导性要求和行业标准进行编制完成的。除了深化传统专业外，推出新兴专业也是省教育厅考量地方经济和社会需求的重要方面，如信息技术、智能制造、养老产业等，都将为求职者提供更多的就业选择。根据陕西省"十四五"发展纲要，结合学生、学校、企业以及政府多方面需求，对高职专业进行优化指导，使专业调整更具科学性和实用性。2022 年，有 15 所高职院校对招生专业进行了调整，其中新增专业 44 个，新增专业更加适应陕西经济发展需求，如针对老人和婴幼儿的陪护、中医产业、智能制造、跨境商务及城市交通轨道等方向；撤销专业 22 个，主要涉及建筑施工、汽车营销等方向，如图 5 - 3 - 2 所示。8 所国家"双高计划"院校进一步推动联办专升本本科专业试点工作，较 2021 年招生计划人数略有提高。

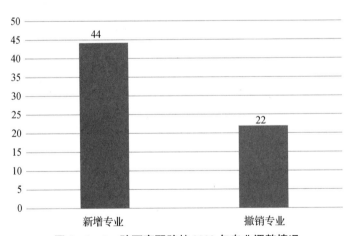

图 5 - 3 - 2   陕西高职院校 2022 年专业调整情况

案例 3 - 1   西安航空职业技术学院航空特色引领发展，打造高水平专业群

西安航空职业技术学院坚持走航空特色发展之路，通过优化机构、搭建平台、集聚资源、创新机制等举措，建成"对接航空高端产业、航空行业特色凸显、师资队伍雄厚、群内资源共享、实践基地先进、技术服务能力增强、毕业生认可度明显提升"的高水平专业群。

服务国家战略和区域经济，构建航空特色的专业集群发展格局。以服务国家创新驱动、"一带一路"倡议和陕西秦创原等行动计划为宗旨，主动对接航空产业和陕西区域经济发展需求，构建以飞机机电设备维修技术、无人机应用技术两个国家级专业群为引领的航空特色发展的专业群集群发展格局。

坚持产教融合和改革创新，构建'政军行企校'五方协同育人模式。深化"三融战略"，成立"政军行企校"理事会，牵头组建陕西西安航空城职教联盟、陕西航空职业教育集团，聘请"政军行企校"的专家领导，组建教育教学指导咨询委员会；开发基于企业生产项目为载体的课程单元模块、育训结合的新型教材和数字化资源，推进校企招生招工一体化、生产育人一体化。

激发专业建设和发展活力，健全专业群发展动态调整体制机制。以群建院，创新专业群管理体制机制；实施"工学四合"育人模式，持续更新学校专业教学标准、课程标准、顶岗实习标准、实训基地建设标准等；健全专业群办学质量评价和督导评估制度，定期对学习者的职业道德、技术技能水平与就业质量进行抽查和监督。专业建设成效显著，建成国家高水平、骨干、示范专业 19 个，国家级教学资源库、思政课程、虚拟仿真实训基地、优秀教材等奖项 44 项。

（二）课程建设

1. 持续强化课程思政和思政课程建设

思政教育一直是陕西高等职业教育的重中之重。以习近平新时代中国特色社会主义思想为指导，深入贯彻落实习近平总书记关于教育的重要论述，贯彻落实全国、全省教育大会精神，落实立德树人根本任务，传承弘扬延安精神、继承发展"西迁精神"，全面推进课程思政建设，将价值塑造、知识传授和能力培养三者融为一体，帮助学生塑造正确的世界观、人生观和价值观；紧抓教师队伍"主力军"、课程建设"主战场"、课堂教学"主渠道"，落实所有高校、所有教师、所有课程育人责任，促使各类课程与思政课程同向同行，将显性教育和隐性教育相统一，形成协同效应，构建全员、全程、全方位育人大格局，努力培养德、智、体、美、劳全面发展的社会主义建设者和接班人。

案例 3 - 2 陕西工业职业技术学院"五维"模式，全面推进课程思政建设

陕西工业职业技术学院立足职教特色，探索"五维"课程思政建设模式，如图 5 - 3 - 3 所示。按照"学校规划 - 中心指导 - 教师实践"三位一体的工作思路，立足职教特色，以

"一心六融"模式,即紧紧围绕立德树人核心,有机融入思想引领、价值培育、文化传承、道德修身、法治普及、职业素养六方面内容,坚持从顶层设计、育人目标、课程建设、教师培训、资源共享五个维度全面推进课程思政建设。

加强统筹推进,构建层次递进的课程育人体系。一是,建设制度体系,突出顶层设计;二是,立项专项课题,深入研究育人目标,如立项448门课程思政专项研究课题,深入研究不同专业的育人目标,深入挖掘课程思政元素,有机融入课堂教学;三是,遴选示范项目,持续推动课程建设;四是,线上线下结合,广泛开展教师培训;五是,校内校外联动,共建共享优质资源,建成"课程思政教学研究示范中心专题网站",校外打破资源共建共享的瓶颈和局限,鼓励教师拓展优质教育资源,建设"课程思政"共同体。

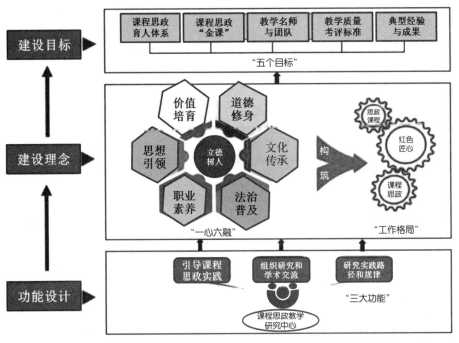

图5-3-3　陕西工业职业技术学院课程思政建设"五维"模式

2. 建设专业群课程体系,满足就业需求

陕西省高职课程建设主要是以满足当地就业市场的特定需求为出发点,并且参照国家控制的省级教育规划,根据地方社会发展水平、产业结构及其建设思路,实施差异化的职业教育办学和课程体系。这有利于培养适应区域性格特点和经济发展需要的高职人才,以满足当地就业市场对职业技能人才的需求,进而促进当地的经济发展和社会发展。

案例3-3　陕西航空职业技术学院飞机电子设备维修专业群课程体系结构

在设定专业课程时,按照现代职业教育体系构建总体思路,结合专业和社会需求,跟踪飞机电子电气设备领域的技术前沿，围绕制造业核心岗位的工作领域构建专业群核心课程和拓展课程，按照工作岗位涉及的工作内容确定课程内容，最终形成"共享模块 + 特色专业模块 + 拓展模块"相互渗透、共享开放的课程体系；制定共享课程和平台类课程的课程标准，与行业企业深度合作，确立专业群内每个工作岗位的工作要求，确定每个工作岗位的模块课程标准。如图 5 − 3 − 4 所示。

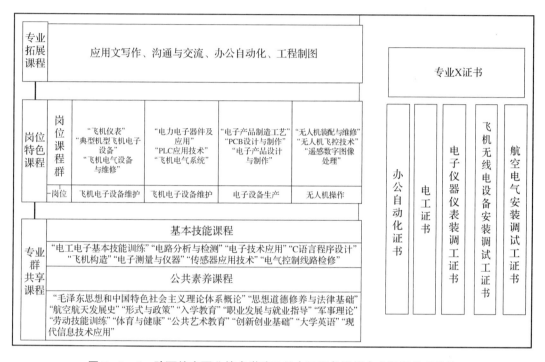

图 5 − 3 − 4　陕西航空职业技术学院飞机电子设备维修专业课程体系结构

3. 坚持教材编审符合国家相关政策，落实国家"十四五"规划，培育符合职业教育发展需求的优秀教材

陕西省高职教材建设要以服务高职教育的发展为目标，以满足当地就业市场的需求为导向，根据地方社会发展水平、产业结构及其建设思路，开发具有陕西特色和实践性强的教材，以适应高职教育持续发展的需要。在开发的过程中要注重与企业的技术协作，使教材切合实际，力争制定一本对当地就业市场有利的高职教材。

案例 3 − 4　西安航空职业技术学院《航空电气设备与维修》教材获首届全国优秀教材二等奖

教育部公布了首届全国教材建设奖名单，共表彰了全国优秀教材特等奖 10 种，一等奖 200 种，二等奖 789 种，全国教材建设先进集体 99 个，全国教材建设先进个人 200 名。西安航空职业技术学院谭卫娟、白冰如主编的《航空电气设备与维修》（国防工业出版社）喜获全国优秀教材（职业教育与继续教育类）二等奖，如图 5 - 3 - 5 所示。《航空电气设备与维修》教材曾获得陕西省优秀教材一等奖，为"十二五"职业教育国家规划教材。该教材以航空电气设备为载体，用"模块＋项目＋任务"的形式来组织教学内容，突出了"项目引领、任务驱动、工学结合"的高职教育特色；将电气设备原理与构造和维修方法、常遇故障的分析融为一体，使知识和技能"骨肉相连"，让学生在循序渐进的训练中，理解航空电气设备的基本原理，掌握航空电气设备的维修方法。

图 5 - 3 - 5　西安航空职业技术学院获奖教材

（三）师资队伍建设

1. 提高教师专业水平，强化教师职业技能培养

陕西省高职师资队伍建设要以满足高职教育的发展需要为目标，并紧紧围绕当地就业市场的需求，注重增强师资队伍的专业水平及教学能力，加快建立一支具有城乡双重特征的专业化教师队伍。在建设过程中，要加强对教师的培训和教研，使他们拥有较强的应用能力，同时要与行业企业紧密合作，把企业实际情况多方位地反映到课堂教学中，努力提高师资队伍的素质和教学质量。

案例 3 - 5　陕西航空职业学院开展新入职教师培训

2022 年 8 月，陕西航空职业学院举行 2022 年新教师入职培训开班仪式。学院领导、人力资源部领导和 18 位新入职青年教师参加开班仪式。会议由人力资源部部长张宏同志主持。会上，学院党委书记李军同志首先代表学院对新入职教师表示了欢迎，强调了新教师应该尽快完成学生到教师的角色转换；抓住高等职业教育发展黄金期，努力学习提升，达到"四有好老师"要求；树立为党育人、为国育才、立德树人的崇高理想；

坚持终身学习理念，不断提升教书育人能力。同时对新教师提出了要求：一是要找准自身优势，明确职业生涯规划相关规章制度，要学会如何成为一名优秀的青年教师；二是要通过入职培训，掌握教学及学生管理工作；三是要学会如何成为一名"四有好老师"，如图 5 - 3 - 6 所示。

图 5 - 3 - 6　陕西航空职业学院新入职教师培训

2. 举办教师教学能力赛，促进教师教学能力提升

陕西省高职教师教学能力大赛要以实施高职教师教学能力改革、提升高职教师教学质量为目的，开展以教师教学能力竞赛为主要内容的评估活动，加大对参赛师资队伍的补贴，实施有效的赛前培训和考核，以促进教师和机构教学能力的提升。同时还要加强对实习生、企业实习生、企业职工等人员的训练，以及与企业之间的交流，使其具备较强的应用能力，更好地服务于当地就业市场。

案例 3 - 6　咸阳职业技术学院教师团队再获全国职业院校技能大赛教学能力比赛一等奖

咸阳职院医学院王萌、刘媛媛、杨丽华、孟园教师团队《呼吸系统影像诊断技术》作品荣获高职专业课程技能一组一等奖。赛事根据职业教育最新的政策对方案进行了适度调整，在选拔优秀作品形成示范效应的基础上进一步回归真实教学。比赛共吸引了 5 709 所职业院校、23. 77 万名教师参加，面对新的比赛要求，学院高度重视，多措并举鼓励支持各二级学院教师积极参与，多次邀请专家打磨作品，多次组织作品集中交流，呈现了一批优秀的作品。医学院王萌、刘媛媛、杨丽华、孟园教师团队历经四季，从院赛、省赛网评、省赛决赛、国赛网评中突围，进入现场决赛。备赛过程中，学院主要领导和分管领导多次深入备赛现场进行关心指导，最大程度地给予精神鼓励和智力支持。决赛现场，团队经过教学实施报告讲解、真实环境讲课等环节，展现了扎实的专业素养和过硬的教学技能，最终取得了全国一等奖的优异成绩。如图 5 - 3 - 7 所示。

图5-3-7　咸阳职业技术学院获得全国职业院校技能大赛教学能力比赛一等奖

3. 打造教学创新团队，加强教师团队建设

通过内培外引、校企合作的方式，进一步加大人才强院战略实施力度，打造出数量充足、专兼结合、素质优良、业务精湛，有理想信念、有道德情操、有扎实知识、有仁爱之心的"双师型"教师队伍。此外，要开展多项政策支持措施，加强对各类教师的培养、永久连接以及专业能力提升，重点应集中于大学生实习生的培训、企业实习生的培训以及与企业之间的交流上，并要开展课程整合、内容实践性强化等项目，结合课堂教学，提高学员的责任心和实践能力。同时，要不断加强就业市场与高职教育的合作，拓展就业方向，为教师提供更加优质的就业环境。

案例3-7　陕西工业职业技术学院建设国家级职业教育教师教学创新团队

陕西工业职业技术学院机电一体化技术专业国家级职业教育教师教学创新团队经过多年的建设与发展，在"双高"建设、校企合作、三教改革、课程体系、教学模式、成果推广等方面都取得了显著成绩。

课程思政育人效果突出。"高速切削与五轴加工"课程及教师团队入选国家首批课程思政示范课程及教学名师和团队，获陕西省课堂创新大赛一等奖，并获评陕西省课程思政育人"骨干教师"1名、陕西省师德标兵1名、陕西省黄炎培杰出教师1名。

教学资源建设成果丰硕。建成"柔性制造与自动化生产线"等12门在线开放课程，与企业合作出版《传感器与智能检测技术》等系列教材6本，《电子线路CAD设计》等4本教材入选"十三五"职业教育国家规划教材。

社会服务能力显著提升。获批国家级职业教育智能制造技术协同创新中心1个，陕西高等学校科学技术奖1项，新增国家专利42项，完成省级科研项目6个、院级科研项目24项，完成横向课题14项。截至目前，团队成员为西北医疗器械集团有限公司等企业技术服务累计产生经济效益已达 2.15 亿元。

教学标准建设成果突出。参与 6 个教育部职业教育专业简介及专业教学标准的制定工作。机电一体化技术等 3 个专业标准——《虚拟仿真实训基地专业标准》通过陕西省验收。机电一体化技术专业建设标准与课程标准被尼日利亚温妮弗雷德创新学院、纳卡布斯理工学院等国外院校引进。"1＋X"证书试点成绩优异，获批"1＋X"工业机器人应用编程职业技能等级证书省级考核管理中心。承办机械工业教育发展中心师资培训班，案例"基于'1＋X'证书标准构建'岗课赛证'融通模式"荣获优秀奖，"对接产业高端实施高职集团化办学，协同培养数控技术人才的创新与实践""机电一体化技术专业335人才培养模式的创新与实践"获陕西省高等教育教学成果特等奖、一等奖。教学成果在柳州铁道职业技术学院等 10 余所兄弟院校推广应用，效果良好。

（四）信息化建设

1. 确保网络安全，提升师生信息素养

以习近平网络强国战略思想为指导，陕西省掀起了改变教、改变学、改变管、改变形态的"学习革命"，保障了国家教学标准落地，确保了人才培养质量稳步提高。陕西省高职院校以学校教学、管理等信息化的应用和发展为重点，探索和优化信息化建设的解决方案，实施分业务系统的构建和集成，实现学校各个系统之间的协同，推进校园信息化水平的提升。同时依托互联网体系，实施电子教材和数字资源的试用，构建以元数据技术为基础的学习资源库，实现教学管理信息全流程跟踪管理，提升教学效率和质量。

案例 3－8　陕西能源职业技术学院入选教育部教育技术与资源发展中心信息化支撑职业院校校企合作专业共建项目首批共同体成员单位

2022 年 9 月，教育部教育技术与资源发展中心（中央电化教育馆）公布了信息化支撑职业院校校企合作专业共建项目首批共同体成员名单，认定北京信息职业技术学院等120 所院校入选为信息化支撑职业院校校企合作专业共建项目首批共同体成员，陕西能源职业技术学院成功入选，如图 5－3－8 所示。教育部教育技术与资源发展中心（中央电化教育馆）信息化支撑职业院校校企合作专业共建项目旨在贯彻《国家职业教育改革实施方案》和《职业教育提质培优行动计划（2020—2023 年）》精神，践行职业教育数字化战略行动，升级传统专业、建设新兴专业。该项目在全国职业院校中分批遴选百所"信息化支撑职业院校校企合作专业共建项目校"结成共同体，依托国家数字教育资源公共服务体系"职教公有云课程资源平台"，开展职业教育数字化升级，共同探索信息技术支撑下的校企合作专业建设模式和人才培养模式，推动院校在新时代背景下应用信息技术开展"三教改革"，为经济社会培养高质量的技能型人才。

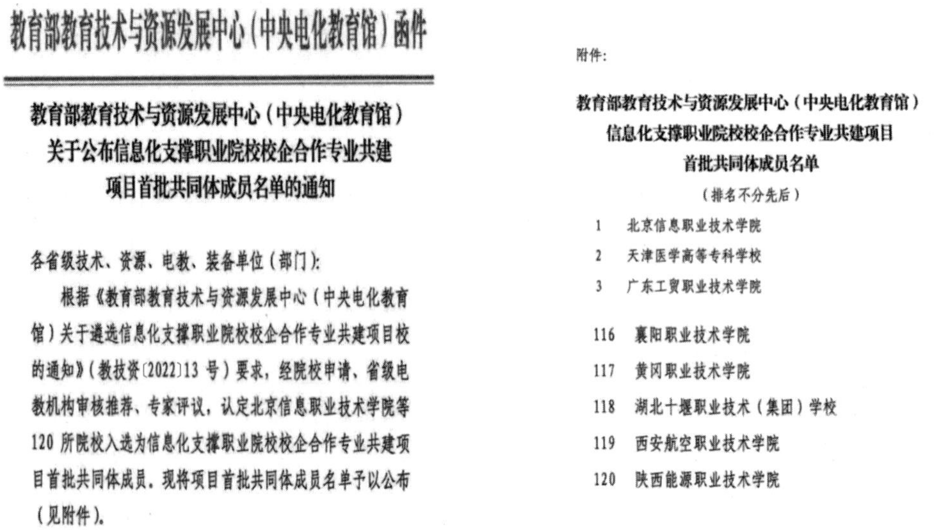

教育部教育技术与资源发展中心（中央电化教育馆）函件

教育部教育技术与资源发展中心（中央电化教育馆）
关于公布信息化支撑职业院校校企合作专业共建
项目首批共同体成员名单的通知

各省级技术、资源、电教、装备单位（部门）：

根据《教育部教育技术与资源发展中心（中央电化教育馆）关于遴选信息化支撑职业院校校企合作专业共建项目校的通知》（教技资〔2022〕13号）要求，经院校申请、省级电教机构审核推荐、专家评议，认定北京信息职业技术学院等120所院校入选为信息化支撑职业院校校企合作专业共建项目首批共同体成员。现将项目首批共同体成员名单予以公布（见附件）。

附件：

教育部教育技术与资源发展中心（中央电化教育馆）
信息化支撑职业院校校企合作专业共建项目
首批共同体成员名单

（排名不分先后）

1　北京信息职业技术学院
2　天津医学高等专科学校
3　广东工贸职业技术学院

116　襄阳职业技术学院
117　黄冈职业技术学院
118　湖北十堰职业技术（集团）学校
119　西安航空职业技术学院
120　陕西能源职业技术学院

图 5-3-8　陕西能源职业技术学院入选校企合作专业共建项目首批共同体成员单位

2. 举办信息化技能大赛、提升学生创新应用能力

陕西省高职院校以培养学生的创新精神、提高对信息化系统应用及研究开发水平为目标，实施多项赛事项目，通过技术竞赛、精品课程等多种形式，加强学生的技术实践能力。首先，要加强与用人单位的合作，实施以技能大赛为载体的"一企一院一班"师资培养工程，提高学生的就业竞争力。同时，要加强技能大赛主办组织工作，实施多种形式的奖励激励措施，为学校教师和学子提供技术支持，全方位提升学生的创新应用能力。

四、服务贡献

陕西省引导高等职业院校立足区域优势，以教促产、以产助教、产教融合、产学合作，推动形成同市场需求相适应、同产业结构相匹配的现代职业教育结构和区域布局，同时推动学校将教学与职业需求紧密结合，将职业教育与行业进步、产业转型、区域发展捆绑在一起，充分发挥学校特色优势，创新良性互动机制，提升人才培养供给侧与产业需求侧匹配度，服务区域经济社会发展，提升学校服务贡献能力。

（一）产教融合

陕西省高职院校聚焦产业发展新趋势，搭建校企协同育人桥梁，发挥专业优势，对接产业链、创新链需求推动产教融合，广泛开展校企合作。延安职业技术学院实践校企合作办学模式，与各大行业企业深化产、学、研、用合作，打造人才共育基地，开展双边、多边技术合作，校企之间形成长期稳定的合作关系；陕西交通职业技术学院充分发挥校办企业在交通技术咨询、公路监理、公路检测、路桥设计等领域的优势，完成技术服务173项，促进陕西交通行业高质量发展；陕西国防工业职业技术学院面向对口行业企业，发挥师资、科研、设备等资源优势，校企共建、共享、共用工程研究中心，多形式拓展服务渠道，提升服务行业水平。

案例 4 – 1　延安职业技术学院助力企业融资发展，赋能圣地实体经济

延安职业技术学院以服务实体经济为己任，利用自身科教优势助力全市优质专、精、特新企业发展，携手本土企业共生共荣，构建起了服务中小微企业的全生命周期体系。一是政策宣讲小组深入了解企业生产经营情况和资金需求，广泛宣讲财税金融纾困各项政策；二是以企业财务管理需求清单为发力点，按照"一企一策"提供个性化的政策业务指导，助力小微企业摆脱困境；三是严格落实专业技能帮扶政策，根据实际情况给予政策咨询与筹划指导，让企业真正享受到政策红利，实现互惠双赢。如图 5 – 4 – 1 所示。

图 5 – 4 – 1　延安职业技术学院韩高峰为甘泉县中小企业做融资专题讲座

案例 4 – 2　陕西交通职业技术学院建设美丽乡村公路服务交通强省建设

陕西交通职业技术学院路桥勘察设计有限公司为改善"急弯陡坡、临水临崖、路侧险要、平交路口"等隐患路，建设产业路、旅游路，积极承担多地市农村公路建设任务，其中佛坪县岳坝镇栗子坝至女儿坝三级公路改建工程，沿线经过岳坝镇、西华村、女儿坝村等行政村以及佛坪县招商引资项目西花水电站、女儿坝旅游景区、农产品大棚等，是汉中市全力打造通景线、风情线、民生线、旅游线、振兴线的组成部分，为营造"人在车中坐，车在画中游"的交通旅游美好环境做出了积极贡献。如图 5 – 4 – 2 所示。

案例 4 – 3　陕西国防工业职业技术学院教师企业挂职"挂"出科技成果奖

陕西国防工业职业技术学院道路桥梁工程技术专业孙虎博士在参加企业挂职锻炼期间，负责在陕西煜昇工程技术有限公司承建的眉县通村公路自然村通硬化路工程 P 标段进行公路平整度检测、验收等技术工作，如图 5 – 4 – 3 所示。通过对现有传统平整度检测装置进行改进，开发了一种新型测试记录仪，为企业解决了现有平整度检测设备对硬化后路

图 5-4-2　陕西交通职业技术学院路桥勘察设计有限公司道路钻孔取样

面平整度不易检测及检测结果不能现场给出的问题，实现了直接、快速、清晰地展现硬化路段平整度，为工程实施赢得了时间和效益。近 5 年来，孙虎老师在为企业服务中锤炼教科研能力，先后发表《公路养护中路面养护与维修探讨》等 8 篇相关论文，授权"公路平整度检测装置""一种道路施工开槽装置"等 10 余项发明实用专利，"道路工程结构及养护装置的改善研究"成果荣获 2022 年度陕西高校科学技术奖三等奖。

图 5-4-3　陕西国防工业职业技术学院孙虎团队在企业挂职锻炼

（二）技术服务

陕西省高职院校结合区域产业发展和自身优势特色，与企业开展多种技术合作，服务地方中小微企业产品研发和技术升级。陕西工业职业技术学院构建科技创新和成果转化"制度先导＋分类培育＋多元赋能"三维生态体系，将学校创新优势转化为服务区域经济社会高质量发展优势；陕西铁路工程职业技术学院按照"创新体制机制、提升内涵品质、服务重点关键"的总体思路，精准服务行业企业和区域经济发展，开展各类技术服务 193

项，技术服务额累计 2 052 万元；陕西能源职业技术学院以"双高"建设为抓手，不断完善学校科研管理体系，组建秦创原建设专班，深化与咸阳市政府合作，形成良好的创新氛围，充分激发教职工创新热情。

案例 4－4　陕西工业职业技术学院开展"医工结合、协同创新"，探索职业院校科研新路径

陕西工业职业技术学院和西安交通大学第一附属医院牵手，统筹推进"医工结合、协同创新"项目，目前形成 30 多个合作研发子项目，其中"舱体支撑行走式 X 射线防护服""多功能术后恢复辅助支架""医用输液针头防松脱装置"等 5 个项目已进入前期试用阶段。"舱体支撑行走式 X 射线防护服"项目属于陕西省教育厅立项科研计划服务地方专项项目，该项目主要针对 X 射线环境下的医护工作人员设计的安全防护装备，采用"舱体支撑行走器"承重"包裹铅衣"设计完成了铅衣防护舱医疗辅助产品的制作，使人体入舱后得到有效防护，如图 5－4－4 所示。该研发产品获得国家专利 5 项，完成技术转让 2 项，产品的成功研制及推广，体现了职业院校服务地方经济的能力，有效推动了学校科技成果转化力度。

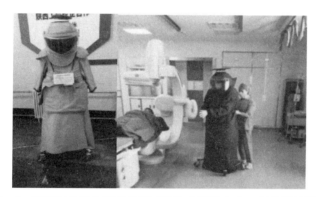

图 5－4－4　陕西工业职业技术学院"舱体支撑行走式 X 射线防护服"项目

案例 4－5　陕西铁路工程职业技术学院十年潜心耕耘 BIM 助力国家基础设施智慧建造

陕西铁路工程职业技术学院充分利用相关 BIM 技术优势，多措并举助力国家基础设施智慧建造，一是聚焦 BIM 平台研发方向，锻造过硬实力服务企业；二是聚力全过程咨询服务，助推行业升级；三是培养新时代 BIM 人才，支撑行业发展。学校基于 BIM 技术的夜郎河大桥平台研发及应用等一系列应用研究成果获得施工单位高度认可，北京冬奥会延庆赛区外围配套综合管廊隧道等项目 BIM 技术应用成果获得施工单位的高度肯定，4 名教师被教育部考核评价组织聘为"1＋X"建筑信息模型专家委员会委员、师资培训讲师团成员。

陕西铁路工程职业技术学院 2022 年新签 BIM 技术服务项目一览表见表 5－4－1。

表 5 – 4 – 1   陕西铁路工程职业技术学院 2022 年新签 BIM 技术服务项目一览表

序号	项目名称	时间	合同额/万元
1	新建铁路南通港洋口港区至吕四港区铁路联络线工程二标段技术咨询	2022 年 1 月 13 日	11
2	锡林郭勒盟传染病医院 BIM 技术服务	2022 年 2 月 24 日	1.6
3	西北寒区大型地埋式污水处理厂建造关键技术研究及应用	2022 年 4 月 27 日	49
4	中国中车数字孪生合同	2022 年 6 月 20 日	186
5	秦川状元府项目 BIM 模型创建及应用	2022 年 9 月 23 日	55.416 4
6	兰州市盐场污水处理厂扩建工程升降式沙盘模型创建及安装	2022 年 10 月 13 日	26.265
7	深圳国际会展中心配套市政项目技术服务	2022 年 10 月 24 日	15.141
8	基于 BIM 技术的民航监理管理平台的研究及应用	2022 年 11 月 3 日	43.6

案例 4 – 6   陕西能源职业技术学院获评陕西高校秦创原建设工作及科技成果转移转化绩效评估 A 等学校

陕西能源职业技术学院对科技成果转化工作高度重视，与咸阳市签订"秦创原创新驱动平台咸阳核心区建设战略合作协议书"，成立学校秦创原建设领导小组，实施科技成果转化"三项改革"试点工作，打造专兼职"省级 + 校级 + 团队"三级技术经理人、科技特派员、科技大使三支队伍。学校承担技术服务项目 100 余项，合同金额 2 300 余万元，服务区域 100 余家企业，创造了显著的社会效益、人才效益和经济效益。2022 年 11 月，学校位列陕西高校秦创原建设工作及科技成果转移转化绩效评估 A 等学校，是全省 6 所入榜 A 等以上的高职院校之一，如图 5 – 4 – 5 所示。

（三）**社会培训**

陕西省高职院校践行学历教育和职业培训并重的法定职责，为企业职工、在校学生、新型农民、退役军人等各类人群开展社会培训，为提高人力资源质量、服务区域经济社会发展作出积极贡献。陕西工业职业技术学院依托全国职业院校校长培训培育基地、全国重点建设职业教育师资培养培训基地、国家级高技能人才培训基地等平台，实施职业院校教师素质提高计划、国家职业技能提升行动计划等，为职业院校教师和企业技能人才培养提供有力支撑；西安航空职业技术学院获得民航西北地区管理局颁发的 CCAR – 147 维修培

陕西省教育厅办公室文件

陕教技办〔2022〕26 号

陕西高校秦创原建设工作及科技成果转移转化
绩效评估结果 A 等以上学校名单

高职组

A⁺等：

陕西工业职业技术学院	西安航空职业技术学院

A 等：

陕西铁路工程职业技术学院	杨凌职业技术学院
陕西国防工业职业技术学院	陕西能源职业技术学院

图 5－4－5　陕西能源职业技术学院被评为陕西高校科技成果转移转化绩效评估 A 等

训机构合格证，成为西北地区首家具有该类型维修培训资质的高校，并为多家企业开展培训；陕西职业技术学院积极响应教育部等十四部门《职业院校全面开展职业培训促进就业创业行动计划（2019—2022 年）》，全年开展免费公益培训项目 58 个。

案例 4－7　陕西工业职业技术学院开展新型学徒制培养，助力企业技能人才建设

陕西工业职业技术学院依托国家级高技能人才培训基地平台，实施“国家职业技能提升行动计划”，开展多种形式的企业职工学徒制培养。学校在立项和培训过程中着重做好政策研究员、政校企联络员、项目规划员、实施辅导员 4 个角色，通过以岗位带教和集中学习，为企业职工开展为期 1 年的培养活动，在培训结束后实施相应工种中级工职业技能等级认定，实现培养和评价“双结合”，为咸阳市装备制造业企业人才队伍建设做出有力贡献。如图 5－4－6 所示。

中华人民共和国人力资源和社会保障部办公厅
中华人民共和国财政部办公厅

人社厅函〔2020〕176 号

人力资源社会保障部办公厅　财政部办公厅
关于 2020 年国家级高技能人才培训基地和
国家级技能大师工作室项目单位备案的通知

各省、自治区、直辖市及新疆生产建设兵团人力资源社会保障厅（局）、财政厅（局），各计划单列市人力资源社会保障局、财政局：

为进一步加强高技能人才队伍建设工作，2016 年人力资源社会保障部、财政部印发了《关于深入推进国家高技能人才振兴计划的通知》（人社部发〔2016〕74 号），明确“十三五”期间继续组织开展国家级高技能人才培训基地和国家级技能大师工作室项目建设工作。各省、自治区、直辖市及新疆生产建设兵团，计划单列市（以下简称各地）人力资源社会保障、财政部门认真履行工作职责，积极组织开展项目评审工作，并报送了 2020 年项目建设单位备案材料。北京市工业技师学院等 129 家单位为 2020 年国家级高技能人才培训基地项目单位，李军技能大师工

2020年国家级高技能人才培训基地项目单位

序号	省份	数量	项目所在地	项目单位
26	陕西	10	西安市	西安飞机工业（集团）有限责任公司培训中心
			西安市	西安技师学院
			咸阳市	陕西工业职业技术学院
			汉中市	陕西航空技师学院
			西安市	西安航天技工学校
			西安市	陕西汽车技工学校
			渭南市	陕西省机电技工学校
			西安市	陕西工程科技高级技工学校
			西安市	陕西省地方电力（集团）有限公司培训中心
			铜川市	陕西铜川工业技师学院
27	宁夏	2	银川市	银川市技工学校
			同心县	同心县技工学校
28	新疆	5	乌鲁木齐市	新疆众和股份有限公司
			乌鲁木齐市	乌鲁木齐职业大学
			乌鲁木齐市	新疆商贸经济高级技工学校
			乌鲁木齐市	新疆安装高级技工学校
			和田市	和田技师学院
29	新疆兵团	2	阿拉尔市	兵团第一师阿拉尔职业技术学校
			铁门关市	兵团职业技师培训学院

— 6 —

图 5－4－6　陕西工业职业技术学院被授予人才培训基地项目单位

案例 4 - 8　西安航空职业技术学院成为西北首家高校 CCAR - 147 民用航空器维修培训机构

2022 年 7 月 1 日,民航西北地区管理局向西安航空职业技术学院颁发 CCAR - 147 维修培训机构合格证,学校获得涡轮飞机(TA)类型执照培训的资质,成为西北地区首家民航 CCAR - 147 维修培训机构的高校,如图 5 - 4 - 7 所示。该资质由中国民航局负责统一颁发,是民航维修从业人员的金字招牌,通过培训的学员,已有部分和海南航空、春秋航空、幸福航空、东航赛峰等知名航空公司和航空维修类企业签订就业协议。学校获批 CCAR - 147 民用航空器维修培训机构,成为学校积极融入国家航空发展战略、服务民航事业的新平台。

图 5 - 4 - 7　西安航空职业技术学院 CCAR - 66R3 民用航空器维修人员执照培训班开班典礼

案例 4 - 9　陕西职业技术学院开展公益培训,提升学前教育教师专业能力

陕西职业技术学院在云端举行"学前教育助力乡村振兴"公益讲座;学院学前教育专业带头人陈雪作题为"幼小协同科学衔接"的专题讲座;西安乐学时代资深教研员杨梦乔从《评估指南》的研制背景,聚焦的关键要素、关键指标,以及考察要点等内容出发,帮助老师们更好地了解指南;省级教学能手、西安市第一保育院骨干教师刘雨凝结合案例,带领老师们学习观察与分析幼儿的方法;陕西师范大学讲师刘海丹向老师们介绍了高质量师幼互动的样态及其对课程建设的重要意义。全省千余名幼儿园教师在线参与了此次培训,如图 5 - 4 - 8 所示。

(四)乡村振兴

乡村振兴是解决"三农"问题,关乎国计民生的重大战略。陕西省高职院校落实中省乡村振兴工作要求,实施智力、教育、信息、文化等全方位帮扶措施,助力农村产业、人才、生态全面振兴。杨凌职业技术学院充分利用涉农专业优势,聚焦服务"三农",通过开展农业技能服务,首创了"X + 1"育训衔接并完善书证融通制度,将专业建设、课程

图 5 - 4 - 8　陕西职业技术学院开展学前教育培训

建设与服务国家战略和构建全民终身教育紧密结合；咸阳职业技术学院成立乡村振兴学院，为帮扶点改善生产生活设施，扶植产业资源，开展教育帮扶，在咸阳市定点帮扶和驻村帮扶考核中荣获多项荣誉；西安铁路职业技术学院驻村工作队长期深入一线，按照"建强村党组织、推进强村富民、提升治理水平、为民办事服务"的总体思路，筑牢返贫"防火墙"，夯实乡村"振兴路"。

案例 4 - 10　杨凌职业技术学院"五共一建"赋能乡村振兴，校政携手再开新局

杨凌职业技术学院与彬州市探索采取"五共一建"的方式，创建全省职业教育助力乡村振兴示范样板。一是团队共组，组建"教授 + 企业行家 + 乡土专家"技术服务队，形成乡村振兴智囊团；二是机制共推，实施"每季一调度、半年一通报、年终一考评"方式，激活融合发展新动力；三是产业共扶，按照"四个万亩"和"两大示范园区"产业布局，种好乡村振兴产业试验田；四是人才共育，推进"学历证书 + 职业技能等级证书"制度，锻造乡村振兴主力军；五是品牌共造，加快物流体系建设和快递进村工作深度，开辟产品销售新路径。如图 5 - 4 - 9 所示。

案例 4 - 11　咸阳职业技术学院在定点帮扶和驻村帮扶考核中荣获多项荣誉

咸阳职业技术学院认真落实中、省、市、乡、村振兴工作部署，为帮扶点购买垃圾清运车、安装滴灌设施，持续改善村民生活环境；建设"千头母猪繁育基地"，实现 60 户脱贫户人均增收近 1 000 元；落实教育帮扶，为小石村图书室捐赠图书 863 本，资助困难大学生 6 名；组建"万名学子扶千村"专项队伍，开展健康咨询、心理疏导、成长陪伴等志愿服务；依托"832"消费平台，落实消费帮扶任务 105.7 万元。学校驻永寿县店头镇小石村第一书记张战柱和工作队员黄汉军、李建国分别获评 2021 年度市级驻村第一书记和工作队员考核优秀等次。如图 5 - 4 - 10 所示。

图 5－4－9　杨凌职业技术学院校政分别出台合作文件

图 5－4－10　咸阳职业技术学院被列为 2021 年度市级定点帮扶考核好等次

案例 4 - 12 西安铁路职业技术学院驻村工作队持续入户走访，健全防返贫动态监测和帮扶机制

西安铁路职业技术学院按照全省巩固拓展脱贫攻坚成果同乡村振兴有效衔接"百日提升""百日督帮"行动工作部署，驻村工作队持续开展防返贫动态监测，通过"唠家常，问需求，送温暖"等形式对搬迁群众进行走访，做好社会救助兜底保障，加强易返贫致贫人口监测，对低收入家庭常态化帮扶，继续精准施策，如图 5 - 4 - 11 所示。工作队重点关注易返贫户、相对贫困户、低收入人群、老少病残孤等群体的动态，对收入不稳定、持续增收能力较弱、返贫风险较高的已脱贫人口，如符合救助条件及时救助，坚决守住不发生规模性返贫的底线。

图 5 - 4 - 11 西安铁路职业技术学院驻村工作队持续入户走访

五、国际合作

陕西省积极响应国家"一带一路"倡议，服务国际产能合作，建立健全职业教育国际合作机制，使我省职业教育国际化合作从"单向引进借鉴"走向"双向共建共享"，逐步形成具有中国特色的职业教育国际化发展模式。同时支持鼓励省内高等职业院校参加世界职业技术教育发展大会和世界职业院校技能大赛，推动教随产出、产教同行，输出一批具有国际影响力的专业标准、课程标准和优质教学资源。

（一）国际交流

陕西省积极探索适应本土发展需求的职业教育国际化发展路径，增强针对性，注重实效性，将对外开放作为职业教育新的发展动力，提高职业教育国际交流与合作水平，通过"走出去"与"引进来"有机结合，向世界传递中国职教推动区域经济可持续增长、减贫脱贫的实践样本，助力技术技能共同体建设与共建"一带一路"国家建设发展，进一步凸显职业教育服务国际产能合作与中外人文交流的平台作用和支撑作用，把"一带一路"共商、共建、共享理念落到实处。

案例 5 - 1 陕西工业职业技术学院参加首届世界职业技术教育发展大会

2022 年 8 月 19 至 20 日，由教育部、中国联合国教科文组织全国委员会及天津市人民政府共同主办的首届世界职业技术教育发展大会在天津顺利召开,中共中央政治局委员、国务院副总理孙春兰宣读习近平主席贺信并发表视频致辞,来自123个国家(地区)的政府机构、国际组织、行业企业、学校、研究机构代表出席了大会,围绕"后疫情时代职业技术教育发展:新变化、新方式、新技能"的主题进行深入交流、广泛探讨。陕西工业职业技术学院校长刘永亮教授受邀参加大会并在职业院校工程教育发展论坛围绕"服务制造强国战略职业教育大有可为"进行主题发言,如图5-5-1所示。本届大会包括主论坛和14个平行论坛,同期举办世界职业院校技能大赛、世界职业教育产教融合博览会,发起成立世界职业技术教育发展联盟。大会发布了《中国职业教育发展报告》白皮书,向世界介绍中国职业教育发展经验,提出中国方案、贡献中国智慧,并面向未来的职业教育发展方向发布了《天津倡议》。

图5-5-1　陕西工业职业技术学院刘永亮校长在世界职业技术教育发展大会发言

案例5-2　陕西国防工业职业技术学院传播中国文化,促进民心相通

2022年,陕西国防工业职业技术学院积极践行"一带一路"倡议,以实施"中文+职业技能"教育为契机,面向泰国宋卡王子大学等5所院校的110名中文爱好者开设了"以中文为桥,游览不一样的西安"国际中文培训体验班,如图5-5-2所示。学员通过学习"国画""农民画""泥塑""工业机器人"等特色课程,加深了对语言、职业技能以及中华传统文化等方面的新体会,对中国科技实力、综合国力飞速发展有了新认识,有效发挥了职业教育在促进"民心相通"的阵地作用,推动了国际中文教育与职业教育"走出去"融合发展,有力提升了国际中文教育和中国职业教育的全球适应性,增强了中国教育品牌的国际影响力。

案例5-3　陕西职业技术学院承办2022年丝绸之路教育合作交流会暨"一带一路"职教联盟第六届国际职教论坛

承办2022年丝绸之路教育合作交流会暨"一带一路"职教联盟第六届国际职教论坛,论坛以"开放·合作·共赢——共商丝路职业教育国际标准认证"为主题,由陕西省教育

图 5-5-2　陕西国防工业职业技术学院惠晓钟教授为泰国学生讲授中国书法

厅主办，"一带一路"职教联盟、陕西职业技术学院共同承办，如图 5-5-3 所示。来自法国、瑞士、刚果民主共和国、日本、新加坡等国家，陕西和甘肃省教育厅领导，教育界嘉宾，陕西、江苏、湖北、山东部分高职院校领导，企业和媒体记者朋友共计 100 余人参加线下论坛，约 2 000 人线上参加。本届论坛旨在聚力推进职业教育国际交流合作，以国家"一带一路"倡议及国家对外开放战略为契机，给职业教育的国际化合作和创新发展搭建新平台，增加新动力，为"一带一路"区域经济、文化的发展作出更大贡献。

图 5-5-3　陕西职业技术学院承办"一带一路"职教联盟第六届国际职教论坛

（二）海外办学

紧抓"一带一路"建设机遇，积极应对境外办学中遇到的问题与挑战，提升教育服务提供能力和市场竞争力；完善境外办学各方面保障，创新办学模式和办学思路，通过推动省内职业院校制作具有职业院校特色的双语在线教育课程、建立职业院校联盟等举措，全方位提升我省高等职业院校的知名度和美誉度，在"引进来"和"走出去"中不断实现"再提升"。2022 年我省高等职业院校在国（境）外办学共 8 所。

案例 5 - 4　西安航空职业技术学院与老挝巴巴萨技术学院共建"无人机应用技术经世学堂"

学校与老挝巴巴萨技术学院共建"经世学堂"。西安航空职业技术学院—巴巴萨技术学院"无人机应用技术经世学堂"于 10 月 19 日正式挂牌成立。"无人机应用技术经世学堂"在老挝巴巴萨技术学院共建的集方案制定、标准建设、资源开发、教育培训、学术交流、学分互认、学位互授等为一体的"校—校—企"国际化专业合作平台，结合学校无人机应用技术专业的人才培养的成熟经验与教学资源，以及华晟经世在实训设施建设与海外教学信息网络优势，共同探索在无人机师资团队、课程资源、实训实习条件等领域的国际合作模式。将企业先进的行业实训设备和教学平台融入教学，通过"1 + 2 + 1 双学历"项目及"3.5 + 0.5 技术创新班"项目实施，开展国际化技术技能人才学历培养和社会培训。针对巴巴萨技术学院的无人机教师培训制定了专门培训方案，在 2022 年 12 月中旬为老挝巴巴萨技术学院 60 余名师生开展了线上培训（见图 5 - 5 - 4），在此次培训的基础上，学校还将结合无人机应用技术专业人才培养实践经验，在师资团队、课程资源、人才培养等方面与其加强合作交流，促进两校合作结出丰硕成果，为中老两国的经济社会发展贡献力量。

图 5 - 5 - 4　西安航空职业技术学院无人机专业教师为巴巴萨技术学院师生培训

（三）国际认证

推动省内高等职业院校瞄准境外职业院校教学发展需求，聚焦具有普遍性和可复制性标准的开发，不断拓展陕西高职院校国际化教学资源内容，强化对外输出，持续推动省内职业院校优质专业标准、课程标准、教学资源标准走向海外，促进资源共享、互学互鉴，实现优势互补。2022 年陕西高等职业院校开发的 212 个课程标准已被国（境）外采用。

案例 5 - 5　陕西国防工业职业技术学院开发行业岗位标准，共享"国防职教"方案

学校成立了以副校长为组长的工作领导小组，由国际交流处牵头组织、相关二级分院参与修订的工作架构，积极申报两批 5 个在坦桑尼亚国家开发行业岗位职业标准及配套专业教学标准项目，项目实施过程中，学校团队充分调研了坦方行业岗位标准与职业教育现状，多次与坦方及国内专家进行沟通论证。"信息技术技术员 4 级""汽车工程技术员 4 级"等两套职业标准和配套专业教学标准顺利通过坦桑尼亚国家技术与职业教育培训委员会审核和坦桑尼亚教育部认证，正式被坦桑尼亚国家纳入职业教育公开标准体系，如图 5-5-5 所示，且第二批 3 个岗位职业标准和人才培养方案成功立项，这不仅打开了中坦职业教育合作的新篇章，同时也在推动职业教育构建中非命运共同体中贡献了"陕西国防学院"方案。

图 5-5-5　陕西国防工业职业技术学院获得坦桑尼亚国家标准认证证书及答谢函

案例 5-6　咸阳职业技术学院 3 项教学资源标准走向"一带一路"国家

2022 年 6 月 2 日，中非职业教育联盟发布《关于公布中国职业院校在坦桑尼亚国家输出相关行业岗位职业标准及配套人才培养方案项目第一批立项建设单位的通知》，咸阳职业技术学院获批为立项建设单位，汽车工程技术员 4、5 级两项岗位职业标准参与此次标准开发。该项目是继 2021 年 11 月学院职业汉语教材《职业汉语学前教育日常用语》向菲律宾巴利瓦格大学推广以来的又一次教学资源标准走向海外行动，如图 5-5-6 所示。学院 3 项教学资源标准先后被菲律宾、坦桑尼亚等"一带一路"沿线国家引入推广，这对进一步确立"咸职品牌"、推动学院职业教育教学成果"走出去"具有里程碑意义。

图5-5-6　咸阳职业技术学院职业汉语教材被菲律宾巴利瓦格大学采用

案例5-7　陕西工业职业技术学院输出教学标准，赋能沿线国家职业教育

共建"一带一路"国家是我国企业"走出去"的重点区域，但多数共建国家职业教育条件落后，教学标准缺失，为产业发展提供技术技能人才培养的能力较弱，对我国"走出去"企业的生产经营带来了较大影响。学校携手中国有色矿业集团，在赞比亚设立分校，按照我国装备制造业岗位技术标准，结合赞比亚国情，开发出的"机械制造与自动化"专业和"机械制图"等16门课程标准成为赞方国家教学标准，完善了其国家标准体系。应尼日利亚职业教育委员会邀请，依托合作开展的"中文+焊接技术"等项目，为尼方开发的"焊接技术"等15个专业和166门课程标准填补了该国职业教学标准的空白。学校对接共建"一带一路"国家技术技能人才培养需求，开发出《生产与运作管理》等6本双语活页教材，建成"先进制造技术"等15门双语核心在线课程，推广工业汉语教学，在印尼、尼日利亚和赞比亚设立3个"中文+职业技能"项目，形成了学历教育、职业培训、中文推广、来华留学、远程教育"五位一体"的标准输出架构，如图5-5-7所示。

（四）来陕留学

围绕"中文+职业技能"人才培养目标，完善现代职业技能留学生培养体系，着力加大制度建设和体制机制创新力度，支持省内职业院校积极与共建"一带一路"国家和地区开展留学生培养。2022年接收国（境）外留学生306人，主要分布在计算机应用技术、物流管理、建筑室内设计等36个专业。留学陕西品牌建设取得积极进展。

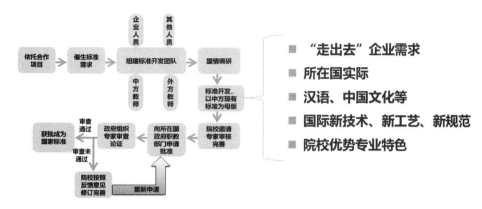

图 5 – 5 – 7　陕西工业职业技术学院教学标准输出流程

案例 5 – 8　陕西工业职业技术学院校企"双融"培养留学生

作为陕西省首所招收学历留学生的高职学校，学校精准对接"走出去"企业岗位和所在国对技术技能人才的需求，以"中文＋职业技能"项目为重要抓手，引入企业专家进课堂，在人才培养方案中既融入中文和学校特色课程，又融入企业文化和岗位真实项目，校企"双融"精准培养本土技术技能人才。一是与江苏联发集团等"走出去"企业开展招生就业一体化留学生联合培养，为俄罗斯、印尼、孟加拉国等共建"一带一路"国家 170余名学生提供学历教育和短期技能培训，如图 5 – 5 – 8 所示；二是学校联合企业开展了 6个"云留学"项目，为 210 余名学员开展线上技能培训，有效缓解了企业的人力资源紧缺瓶颈；三是在印尼教育文化和旅游部、教育部中外语言交流合作中心的资金支持下，先后举办印尼曼达拉经济学院本科生联合培养、汉语桥印尼青年领袖春令营等多个项目，丰富校企"双融"育人内涵；四是学校与长安大学等省内外高校建立专、本、硕衔接留学生培养体系，打通了学历教育天花板，满足学生学历提升和企业对高学历人才的需求。

图 5 – 5 – 8　共建"一带一路"国家学历留学生在陕西工院学习

（五）国际技能大赛

推动职业院校积极参加各级各类世界职业院校技能大赛，发挥国际技能大赛提供的学习交流平台作用，加强职业院校国际交流合作，在学习并借鉴国际优势经验的基础上展示省内高技术技能人才队伍建设成果，不断扩大我省职业教育在国际上的影响力。2022 年全省职业院校在国（境）外技能大赛中获奖 159 项。

案例 5 - 9　陕西国防工业职业技术学院提升学生国际化素养成效明显

承办和参加国际职业技能大赛，助力学生在国际舞台上展示技能风采。学校承办"2022 年金砖国家职业技能大赛物联网赛项西部区域选拔赛""2022 年金砖国家技能发展与技术创新大赛货运代理赛项西北大区选拔赛"两项大赛，共荣获金砖国家职业技能大赛服务机器人赛项、"一带一路"暨金砖国家技能发展与技术创新大赛等奖项 17 项，其中全国高职赛道一等奖 1 项，国赛一等奖 3 项、二等奖 1 项、三等奖 1 项，3 名教师荣获优秀指导教师奖，学校获得最佳组织奖等荣誉。2015 级建筑工程技术专业毕业生贾国波，顺利晋级中国国家集训队，荣获"西部技能之星"称号，并被人社部授予"全国技术能手"，代表中国在法国波尔多参加 2022 年世界技能大赛特别赛"数字建造项目"比赛，如图 5 - 5 - 9 所示。

图 5 - 5 - 9　陕西国防工业职业技术学院学生贾国波参加 2022 年世界技能大赛

六、政策保障

（一）加强顶层设计

省委、省政府把职业教育摆在教育改革创新和经济社会发展更加突出的位置，并印发了《陕西省职业教育改革实施方案》《关于深化产教融合的实施意见》等系列文件，下功夫调结构、提质量、强师资、建体系，加快推动我省职业教育高质量发展。随着《陕西省职业学校学生实习管理实施细则》《关于推动陕西省现代职业教育高质量发展的实施意见》等文件的相继出台，我省职业教育的政策设计将进一步得到完善。

（二）加大投入力度

为保障高等职业教育高质量发展，我省持续加大职业教育经费投入，改善高职学校办学条件；持续加强国家"双高计划"院校建设的资金投入，对我省承接教育部等九部委《职业教育提质培优行动计划（2020—2023 年）》中的 43 个项目继续进行资金支持；在目前基础上适度提高高职学校学生生均拨款水平，探索建立基于专业大类的职业教育差异化生均拨款制度，鼓励各地根据区域财政状况设立职业教育专项经费。

（三）深化"放管服"改革

以服务现代职业教育体系建设改革为导向，持续完善我省职业教育政策制度体系，打通制约改革发展的关键堵点；进一步扩大高职学校在师资评聘、混合所有制等方面的办学自主权，增强高职学校的积极性和灵活性，鼓励高职院校先行先试、率先突破。高职院校要加强内部质量保证体系建设，提高自身管理水平，对于建设改革取得明显成效的学校，省上将在项目、资金划拨上予以倾斜。

七、挑战与展望

（一）问题导向

放眼全国，陕西省职业教育"十四五"发展过程中还存在以下问题和瓶颈。

1. 职业教育类型特征带来的挑战

由于职业教育长期效仿普通教育办学模式，加之自身基础薄弱、实力不强，产业不了解、社会不认同、家长不认可的问题仍然较为突出。我国各教育阶段的招生考试机制很大程度上限制了职业教育内部、职业教育与普通教育、职业教育与继续教育的转换和流动；保障职业教育的财政投入制度与办学规模、培养成本、办学质量还没有完全匹配，社会多元主体投资职业教育的力度还需加强；不同类型不同层次的沟通与交流需要加强，保障职业教育体系顺畅运行的管理机制不够完善，在普职合作、产教融合、中高职衔接、职业培训等方面的标准和制度不够规范。

2. 深化教育教学改革带来的挑战

"双师型"教师的引进、培养、使用机制仍需健全，需加大企业工程技术人员、高技能人才和职业学校教师的双向流动；把新技术、新工艺、新理念纳入教材，把企业的典型案例及时引入教学，把职业资格证书、职业技能等级证书内容及时融入教学；借助信息技术重塑教学形态，从教师教学方式、学生学习方式以及教学内容呈现方式等方面着手，改革教学模式，打破课堂边界，广泛应用线上线下混合教学，促进合作学习、有效学习、自主泛在个性化学习。

3. 深化产教融合所带来的挑战

企业主体责任仍需落实，面向"十四五"期间国家规划的重点领域，确定紧缺领域清单，联合遴选相关企业和学校；相关制度和标准仍需完善，梳理部门和地方政策清单；激励并监测企业参与，优化选拔机制，推动国际交流；股份制、混合所有制职业学校的具体办法要加大加快研究、制定，推动企业以资本、技术、知识、设备、场地和管理等要素参与办学。

（二）创新发展

1. 加快发展现代职业教育

巩固职业教育"类型教育"地位，落实国家职普比政策，科学确定中职招生规模；完善职业院校发展体系，支持具备条件的高职院校举办职业本科学校或试办职业教育本科专业，健全专业学位研究生培养模式；推进中高职有效衔接，畅通中职学生升学通道；建好、办好一批县域职教中心；完善普通专升本、五年制高职招生培养机制，构建中高职、职业本科（应用型本科）、专业学位研究生纵向贯通和职普横向融通并行的现代职业教育体系，培养、培训高素质技术技能人才；落实职业学校实施学历教育与培训并举的法定职责，面向在校学生和全体社会成员开展职业培训，实现优质职业学校年培训人次达到在校生规模的2倍以上；组织好职业教育活动周宣传活动，努力营造技能型社会建设的良好氛围。

2. 提升职业教育发展水平

全面落实《国家职业教育改革实施方案》和《职业教育提质培优行动计划（2020—2023年)》，推进职业教育创新发展；支持国家"双高计划"高职院校建设，适时开展第二轮国家"双高计划"申报和建设工作，实施省级"双高计划"建设项目；健全专业设置定期评估机制，鼓励职业院校不断优化专业设置，及时发展数字革命、数字经济催生的新兴专业，撤销老旧专业。

3. 深化职业教育产教融合

支持职业院校、应用型本科院校与重点产业、骨干企业深度合作，打造一批创新综合体，促进"政产学研金服用"融合创新；围绕能源化工、高端装备制造、新材料、基建和现代服务业、现代农业、新一代信息技术、医药健康、文化旅游八大产业链关键核心技术，推动公共教学资源和实训资源共建共享，完善职业教育信息化建设标准，建成一批高水平专业化产教融合实训基地；推广建立省级职业教育发展联盟，开展区域内现代职业教育发展研究；发挥国家产教融合试点城市的示范引领作用，推动建设开放型、共享型、智慧型实训基地；落实"项目＋金融＋税收＋财政＋土地＋信用"产教融合组合式激励政策，培育建设一批产教融合型企业。探索建立混合所有制二级学院，构建"产业、行业、企业、职业、专业"联动的职业教育发展新机制，形成产教融合、校企合作、协同发展的特色现代职业教育。

八、附表

附表 1 计分卡

序号	指标	单位	2022 年
1	毕业生人数	人	129 103
2	毕业去向落实人数	人	117 637
	其中，毕业生升学人数	人	20 457
3	毕业生本省去向落实率	%	70.73
4	月收入	元	4 059.22
	毕业生面向三次产业就业人数	人	96 094
	其中，面向第一产业	人	7 961
	面向第二产业	人	32 577
	面向第三产业	人	55 556
6	自主创业率	%	1.80
7	毕业三年晋升比例	%	43.70

附表 2 满意度调查表

序号	指标	单位	2022 年	调查人次	调查方式
1	在校生满意度	%	94.91	423 260	问卷调查
	其中，课堂育人满意度	%	95.01	364 863	问卷调查
	课外育人满意度	%	95.58	185 026	问卷调查
	思想政治课教学满意度	%	96.77	189 117	问卷调查
	公共基础课（不含思想政治课）教学满意度	%	95.67	210 217	问卷调查
	专业课教学满意度	%	95.71	270 752	问卷调查
2	毕业生满意度	/	/	/	/
	其中，应届毕业生满意度	%	95.37	69 401	问卷调查
	毕业三年内毕业生满意度	%	94.71	101 274	问卷调查
3	教职工满意度	%	96.49	13 036	问卷调查
4	用人单位满意度	%	95.41	17 862	问卷调查
5	家长满意度	%	95.48	81 613	问卷调查

附表 3　教学资源表

序号	指标		单位	2022 年
1	生师比		/	20.95
2	双师素质专任教师比例		%	49.48
3	高级专业技术职务专任教师比例		%	31.25
4	教学计划内课程总数	门	730	
		学时	104 890.76	
	教学计划内课程 – 课证融通课程数	门	143	
		学时	133 17.07	
	教学计划内课程 – 网络教学课程数	门	229	
		学时	36 626.62	
5	教学资源库数		个	13
	其中，国家级数量		个	2
	接入国家智慧教育平台数量		个	2
	省级数量		个	3
	接入国家智慧教育平台数量		个	3
	校级数量		个	14
	接入国家智慧教育干台数量		个	4
6	在线精品课程数	门	63	
		学时	13 171.30	
	在线精品课程课均学生数		人	542
	其中，国家级数量		门	3
	接入国家智慧教育平台数量		门	3
	省级数量		门	11
	接入国家智慧教育平台数量		门	9
	校级数量		门	40
	接入国家智慧教育平台数量		门	21

序号	指标	单位	2022 年
7	编写教材数	本	42
	其中，国家规划教材数量	本	7
	校本教材数量	本	20
	新形态教材数量	本	15
	接入国家智慧教育平台数量	本	8
8	互联网出口带宽	Mb/s	6 660.22
9	校园网主干最大带宽	Mb/s	10 138.37
10	生均校内实践教学工位数	个/生	85.11
11	生均教学科研仪器设备值	个/生	10 694.82

附表 4　国际影响表

序号	指标	单位	2022 年
1	接收国（境）外留学生专业数	个	34
	接收国（境）外留学生人数	人	306
2	开发并被国（境）外采用的课程标准数	个	212
3	在国（境）外开办学校数	所	8
	其中，专业数量	个	19
	在校生数	人	1 240
4	中外合作办学专业数	个	49
	其中，在校生数	人	972
5	专任教师赴国（境）外指导和开展培训时间	人·日	13 135
6	在国（境）外组织担任职务的专任教师数	人	47
7	国（境）外技能大赛获奖数量	项	159

附表 5 服务贡献表

序号	指标	单位	2022 年
1	全日制在校生人数	人	423 741
2	毕业生就业人数	人	89 767
	其中，A 类：留在当地就业	人	50 902
	B 类：到西部和东北地区就业	人	65 385
	C 类：到中小微企业等基层就业	人	63 342
	D 类：到大型企业就业	人	19 590
3	横向技术服务到款额	万元	9 371.05
	横向技术服务产生的经济效益	万元	61 978.92
4	纵向科研经费到款额	万元	1 644.05
5	技术产权交易收入	万元	409.95
6	知识产权项目数	项	1 082
	其中：专利授权数量	项	853
	发明专利接权数量	项	89
	专利成果转化到款额	万元	178.96
7	非学历培训项目数	项	1 515
	非学历培训学时	学时	4 640 512.50
	非学历培训到账经费	万元	233 773
8	公益项目培训学时	学时	118 535.50

附表 6 落实政策表

序号	指标	单位	2022 年
1	年生均财政拨款水平	元	10 195.11
2	年财政专项拨款	万元	151 009.58
3	教职员工额定编制数	人	23 211
	教职工总数	人	26 410
	其中，专任教师总数	人	18 935
4	企业提供的校内实践教学设备值	万元	21 612.05
5	企业兼职教师年课时总量	课时	671 814.10
	年支付企业兼职教师课酬	万元	3 822.57
6	年实习专项经费	万元	4 398.13
	其中，年实习责任保险经费	万元	524.33

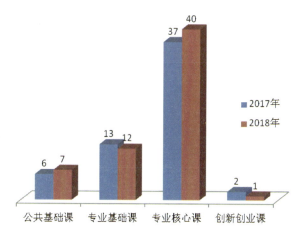

图 2 - 3 - 4　部分省级精品在线课程分布情况

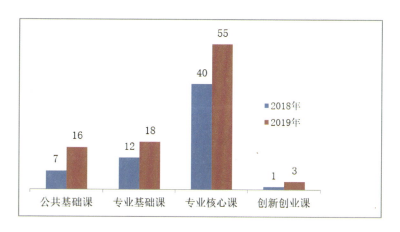

图 3 - 3 - 8　省级精品在线课程分布情况